AF345217

EDMOND ET JULES **DE GONCOURT**

L'ITALIE D'HIER

L'ITALIE D'HIER

JUSTIFICATION DU TIRAGE

Il a été tiré de cet ouvrage 350 exemplaires numérotés à la presse :

75 exemplaires sur papier Chine, n°ˢ 1 à 75;
75 exemplaires sur papier impérial du Japon, n°ˢ 76 à 150;
200 exemplaires sur papier vélin, n°ˢ 151 à 350.

Exemplaire n° 85

EDMOND et JULES DE GONCOURT

L'ITALIE D'HIER

NOTES DE VOYAGES

1855-1856

Entremêlées des croquis de Jules de Goncourt
jetés sur le carnet de voyage

PARIS

LIBRAIRIE L. CONQUET

5, RUE DROUOT, 5

1894

A

FELICE CAMERONI

A

VITTORIO PICA

LES DEUX AFFECTUEUX ET ENTHOUSIASTES PROPAGATEURS

DU *goncourtisme* EN ITALIE

PRÉFACE

Dans l'automne de 1855, à ce moment de la
vie, où nous étions presque à notre début littéraire, mon frère et moi, partions pour l'Italie,
dans l'intention de trouver sur cette terre inspiratrice, les éléments d'un livre.

Or, à la première ville italienne, à Domodossola, nous achetions un carnet de papeterie primitive, relié en parchemin blanc, et qu'entourait,
comme fermeture, une petite lanière de cuir, semblable à la queue de rat d'une tabatière, — un
carnet, comme en ont les marchands de chevaux
de la Lorraine — et sur ce carnet, tour à tour, nous
jetions, en notes, tout ce qui nous tombait sous
les yeux : aussi bien la description d'une froma-
gerie de parmesan, que de la boucle de cheveux

de Lucrèce Borgia, conservée à l'Ambroisienne;
aussi bien la description des bals du grand-duc
de Florence, que de « l'Apothéose de Thomas
d'Aquin » dans le tableau de Taddeo Gaddi;
aussi bien la description de l'hôpital des Vénériennes *della Scuola San Marco*, à Venise, que du
Jour des Rameaux à Saint-Pierre; aussi bien la
description du *stenterello* du théâtre Borgognissanti, que de la poupée romaine du Musée du
Vatican.

Et ces descriptions, pour mieux les faire parler
plus tard à notre mémoire, mon frère, avec son
incontestable talent de peintre, les doublait de
rapides croquis à la mine de plomb, et même,
quelquefois, en faisait revivre la couleur, dans de
lumineuses aquarelles, entremêlées avec l'écri-
ture sur le mauvais papier du carnet.

Toutes ces descriptions de la plume et du crayon
étaient fidèles, exactes, rigoureusement prises sur
le vif des êtres ou le calque des choses. Toutefois,
en ces années, inquiètes, hésitantes, sur la voie
que le lettré doit prendre, la religion de la réalité, de la vérité absolue, appliquée à l'humanité
ou à la matière, dans la reproduction littéraire,

n'était pas encore née en nous. Bien au contraire, nous nous trouvions dans cette même disposition lyrique et symbolique des jeunes esprits de l'heure présente, avec, au fond de nous, un certain mépris pour la transcription du vrai, du *non imaginé*, et renfoncés encore en ce mépris par le manque de talent et de style de Champfleury. Et les études d'après nature que nous faisions alors de l'Italie, n'étaient, pour nous, que le *stratum* d'un livre de prose poétique, fantastique, lunatique, — d'un livre de rêve, donné comme le produit d'une suite de nuits hallucinatoires.

Après six mois de séjour en Italie, au retour à Paris, nous écrivions une série de morceaux, sur Venise, Florence, Rome, Naples. Le travail sur Venise mené à fin, et auquel nous donnions le titre de VENISE LA NUIT, nous le portions à Théophile Gautier, au moment où il venait de prendre la direction de *l'Artiste*, et notre Venise paraissait en deux articles....

Ah fichtre! quelle réception nous faisait, deux ou trois jours après, Aubryet, qui avait apporté, avec le frère d'Arsène Houssaye, l'argent de ce nouvel avatar de *l'Artiste* : « On n'avait pas l'idée

d'articles pareils… c'était du pur *charentonisme*.…
La Ville et la Province se désabonnaient en masse.…
On aurait vraiment dit que nous voulions donner
le coup de la mort à la tentative généreusement
risquée par eux, en faveur d'un renouveau artiste de la littérature. »

Enfin, Aubryet nous faisait un tableau, si noir,
si noir du préjudice causé à la Revue, par nos
deux articles, que nous n'osions pas en demander
le payement.

Au fond l'épouvante de notre prose, chez Aubryet,
épouvante que nous retrouvions dans quelques
articles de confrères, à cette première heure où
l'on manque de la certitude en son œuvre, mettait
en notre esprit, un trouble, un doute. Nous nous
demandions, si nous ne nous trompions pas, si
notre conception n'était pas d'une imagination
trop déréglée, trop excentrique, trop extravagante,
et ma foi, un beau jour, nous jetions dans la cheminée — sans en garder copie — tout ce qui
n'avait pas paru de notre manuscrit, et reléguions,
dans l'ombre d'un tiroir, le carnet italien à la
fermeture de queue de rat.

Malgré tout, je gardais pour notre « Venise »

un rien du sentiment de prédilection que les
mères ont pour leurs enfants mal venus. Cette
étude, avec ses défauts d'outrance, était pour
moi un curieux renseignement sur nos cerveaux,
sur leur ébullition un peu désordonnée, avant
le refroidissement, l'apaisement, l'assagissement
du talent formé, et je caressais la pensée de faire,
un jour, de ces deux articles, un petit bijou
typographique.

Cette pensée, longtemps un peu dormante, de-
venait, l'année dernière, une idée fixe, une obses-
sion, et à l'automne, partant pour un séjour dans
la Meuse, j'emportais le carnet italien — dont le
parchemin avait été remplacé par un maroquin du
Levant — pour y puiser les éléments d'une courte
préface. Mais, je dois le dire, quand j'eus remis
les yeux dans le petit manuscrit, j'eus un étonnement de ce qu'il contenait d'intéressant, sur
les peintres primitifs, sur l'aspect des paysages,
sur les silhouettes du populaire, sur le caractère
de la beauté de la femme italienne, sur la cour de
Toscane, sur les cérémonies de la semaine sainte
à Rome, — enfin, au milieu de choses encore
vivantes, sur tant de choses mortes aujourd'hui.

Et, au lieu d'une préface, je tirai de nos notes et de nos croquis de 1855 et 1856, en leur laissant leur jeunesse, un volume qui sert aujourd'hui d'introduction à Venise la Nuit.

Auteuil, mars 1893.

Edmond de Goncourt.

TABLE DES AQUARELLES

ET CROQUIS A LA MINE DE PLOMB ET A LA PLUME

IMPRESSIONS EN COULEUR.

Vue de Venise.
Place de Bologne.
Maison décorée de faïences de Luca della Robbia à Florence, dans le *borgo San Jacopo*.
Portrait de Lorenzo Canelli, le *stenterello* du théâtre Borgognissanti.
Le marché aux poissons à Rome.

La vue de Venise et le marché aux poissons sont deux reproductions de grandes aquarelles lavées en Italie.

CROQUIS A LA PLUME ET A LA MINE DE PLOMB.

L'ITALIE D'HIER

DOMODOSSOLA[1]

L'Italie commence ici. — Ce sont des maisons
énamourées de couleurs, des maisons bariolées de
tons pistache, de tons lie de vin : des trompe-l'œil
en détrempe de la pierre colorée, des mensonges du
marbre. Il est même. à l'entrée de Domodossola, de
fausses et ornementales maisons, peintes sur de pauvres
bâtisses, ainsi que serait l'entrée trompeuse d'une ville
qui n'existerait pas.

Et des maisons, de toutes parts, ouvertes au ciel
bleu par de petits balcons aériens, offrant les plus charmants modèles de la serrurerie du dix-huitième siècle :
cet art en faveur chez les jésuites. Et dans l'intérieur
de ces maisons jouant au *palazzo*, des fonds de cours

1. Le voyage, commencé le 6 novembre 1855, prenait sa fin
dans les premiers jours de mai 1856.

roux à la Decamps, et partout, sur les balcons et aux
fenêtres, les nippes de la famille, étalées pour sécher,
— car là, il n'y a pas la pudeur du linge.

Une place, qui a un pittoresque entour d'habitations,
aux galeries cintrées des étages supérieurs, à l'arcature
du rez-de-chaussée soutenue par des colonnes, dont
quelques-unes sont anciennes. Au milieu de cette architecture baroque, vaguant et musant, des femmes, au
foulard noué derrière la tête et leur mangeant les yeux,
le torse pris dans une espèce de soutane de curé, à la
taille trop courte, et qui leur donne l'air hommasse, —
des femmes perpétuellement marmottantes, et comme
mâchonnant des prières.

En ce petit monde de femmes, toutes coiffées de
rouge ou de jaune orange, d'hommes habillés de couleur tabac d'Espagne, circulent, dans leurs souliers
silencieux, des individus, au gigantesque tricorne, aux
yeux perçants, une paire d'énormes lunettes sur leurs
grands nez décharnés, un manteau à collet montant
jusqu'aux lèvres blanches d'une bouche sarcastique,
descendant jusqu'aux genoux, et d'où partent deux
jambes maigres, enfermées en un bas noir : deux
bâtons de fusain, emmanchés dans de lourdes chaussures aux boucles d'argent. Du manteau, une main
s'échappant d'un pli, tient un gros parapluie de campagne : des individus étranges, et qui font un peu
peur, et qu'on prendrait pour des caricatures ecclé-

siastiques, crayonnées sur les murs d'un cachot de l'Inquisition.

Une charmante maison de la Renaissance, décorée de fines sculptures aux fenêtres, et avec la devise partout répétée : *Humilitas alta petit....* C'est la maison du curé, dans laquelle entendant, avec un certain étonnement, le bruit d'un orchestre, nous regardons, et nous voyons l'affiche de Messer Girolamo.

Le rez-de-chaussée de la maison est un théâtre de marionnettes.

MILAN

Cette boucle de cheveux blonds de Lucrèce Borgia,
dans ce ruban bleu, cette boucle de cheveux conservée
à la Bibliothèque Ambroisienne, il semble qu'il soit
resté en elle un reflet de la pourpre sur laquelle elle a
traîné !

Le marquis Trivulce, un vieillard droit, sec, osseux,
à la tête énergique d'un homme de guerre du seizième
siècle, dans une redingote faite par un tailleur de
Paris, mourant, agonisant, au milieu des chefs-d'œuvre
de l'art italien, qu'il tire à lui, de ses mains maigres,
comme un moribond fait de son drap, et qu'il vous
explique avec une voix anhélante, sombrant, à tout
moment, dans de l'étouffement.

C'est chez lui, en une immense pièce, où un jet
d'eau laisse retomber sa liquide poussière de perle sur
deux cygnes en porcelaine de vieux saxe, l'encombre-

ment d'une collection qui semble avoir été faite par une succession de bibeloteurs millionnaires. Des pierres gravées, des camées, des monnaies d'or de Syracuse et de Tarente, des bronzes antiques, des ivoires sculptés de la Renaissance, des Petitot encadrés de perles fines, des vases de la Chine des premières dynasties, enfin un bric-à-brac féerique, au milieu duquel est attaché, dans sa glorieuse simplicité, le bâton du vieux maréchal Trivulce : — un rouleau de pâtissier auquel pend un gland d'or.

Oh! ce qu'il y a là de raretés, et de raretés dans l'ordre des curiosités inimaginables! Je ne veux citer que quelques manuscrits. Voici l'un des carnets de poche du Vinci, avec ses caricatures et ses rêves d'architectures et de machines ; — voici le livre de notes du cardinal Borromée, avec le nom des enfants qu'il remarquait dans la discipline de son église; — voici l'album où Gabrielle d'Estrées écrivait des vers, et où Henri IV lui répondait; — voici l'A B C D de Maximilien Sforza, avec la représentation peinte des jeux et des récréations enfantines d'une école primaire du moyen âge; — voici le Livre de beauté des Milanaises, la galerie des jolies femmes d'alors, faite pour François Ier : chacune couverte d'une applique de papier noir volante, avec les noms allégoriques de *Prudentia, Sapientia*, etc.

Près de l'asthmatique marquis, et sous son regard, est placée une figure en marbre d'une jeune morte, la

tête couchée sur un oreiller, sur lequel sont posées une
rose et deux pensées, cueillies le matin.

Le comte Taverna nous emmène visiter une de ses
fermes, où a lieu la fabrication du fromage de Parmesan.

Des prés feutrisés, d'un vert comme je n'en ai vu
nulle part, irrigués de clairs ruisselets, et coupés de
petits rideaux de peupliers, maintenant dépouillés de
leurs feuilles, mais tout *feuillés* d'oiseaux, ainsi que
dans certaines miniatures mystiques.

Des étables, où soixante vaches mettent dans la
chaude pénombre une vapeur opalisée, montant de
leurs naseaux luisants.

Le lait, auquel a été enlevé la crème, se transporte
dans le *casone*, et se verse dans une chaudière de cuivre,
en forme de cloche renversée, très évasée aux bords, et
pouvant contenir de 5 à 14 *brente* milanaises. La chaudière est portée sur un fourneau établi dans une niche
circulaire, creusée dans le pavé du *casone*, et exposée
à un feu s'élevant à 28 ou 30 degrés Réaumur, et pour
que la température reste uniforme, on agite continuel-
lement le lait avec la *rotella*.

Le lait ainsi échauffé, il y est mêlé une *fressure*,
formée de l'estomac de jeunes veaux, puis on retire la
chaudière du feu et on la laisse en repos, pour que le

lait se coagule : ce qui dure trois heures l'été, une demi-heure l'hiver.

Puis le lait, coagulé, est battu vivement avec le *spino*, jusqu'à ce qu'il devienne granuleux, de la grosseur d'un grain de riz. On remet la chaudière au feu, et elle est poussée lentement à 52 degrés Réaumur. C'est le moment du *spurgo*, où l'on ajoute du safran, qui agit comme astringent, et donne couleur et saveur au fromage.

A ce moment, avec un feu vif, 38 ou 40 degrés sont atteints : c'est le temps de la cuisson, *cottura*. La *coltura* terminée, on enlève, avec une toile nommée *palta*, le fromage séparé du petit-lait.

Le fromage, maintenant formé, est déposé dans un cuvier, où il est légèrement comprimé, et de là transporté dans une forme de bois, dite *fassera*, et serré avec un câble, de manière à lui donner la hauteur qu'on désire.

Ensuite, il se pose sur un plan incliné, *spersore*, et il est placé dessous un plateau de bois, appelé *londello*, pour l'écoulement du petit-lait qui reste.

Alors le fromage est porté dans la *salatoia*. Là, les fromages sont exposés sur des tables de granit, où sont creusés de petits canaux, et salés deux fois par semaine, en raison de la solidité qu'ils acquièrent. Cette opération dure 40 ou 50 jours.

Enfin, les fromages sont emmagasinés dans la *casera*,

et placés sur des planches de bois. C'est là qu'ils sont enduits d'huile de graine de lin, l'hiver, deux fois la semaine, l'été, tous les deux jours.

Les marchands de fromages reconnaissent la bonté du fromage en l'auscultant avec un petit marteau de fer.

. . . .

Or, à notre arrivée à la ferme, le vieux fromager est sur la porte, sous son manteau de roseaux, avec ses bottes d'égoutier, la tête penchée sur un long bâton, comme en portent nos oncles de comédie, et au-dessus duquel on voit son œil malin, et le demi-sourire qu'une dent trop longue dessine sur sa lèvre supérieure.... Il a déjà donné à terre, de mâle impatience, deux ou trois coups de son bâton, et enfin met à sa bouche le coquillage d'appel, et corne.

Car il est midi, et Jacopo, le jeune fromager, qui aurait dû finir de traire les vaches, s'amuse auprès des vachères, et la chaudière attend. Ah! c'est toute une race libertine, et qui a le secret de se faire aimer des femmes, cette race des fromagers! Mais le voilà, le Jacopo sortant de l'étable, sur sa tête, le baquet de lait fumant. Une merveille que ce jeune homme, au profil effilé, sous le petit bonnet pointu, ainsi que celui d'un Indien sur un morceau de talc, aux yeux noirs comme du jais, aux bras élégamment musculeux, sortant d'une chemise bouillonnée qui finit aux biceps, avec son petit tablier bleu voletant devant lui, et sa

culotte s'arrêtant au genou, et laissant voir, pareilles
à ses bras, de sveltes et élastiques jambes, qu'on dirait
de bronze florentin : — le corps d'un jeune gladiateur
de la vieille Rome, où il y a quelque chose de la grâce
efféminée d'un Asiatique.

En sortant du petit théâtre Girolamo, après la vision
de ces hanchements, de ces déploiements, de ces batte-
ments, enfin des grâces des danseuses en bois de l'endroit, je rêvais que j'étais devenu amoureux d'une
actrice en chair et en os, et que dans la première nuit
qu'elle me donnait, je m'apercevais, désenchanté, que
ses bras, ses jambes, ses hanches se mouvaient au
moyen de chevilles de bois, et que même son sourire
était pendu à une ficelle.

Aux Archives de Milan, un curieux testament
de 1624, — le testament d'un peintre appelé, je crois,
Riva, — ayant dessiné dessus, les portraits de tous ses
légataires, avec au-dessous l'indication de la somme
qu'il leur faisait.

Je parlais ce soir, je ne sais à propos de quoi, de la
salamandre, de son originale forme héraldique, lors-

qu'une grande dame milanaise s'écria soudain, de la colère animant sa jolie figure :

« La salamandre... l'horrible animal... jaune et noir... les couleurs de l'Autriche! »

BRESCIA

Ici la rocaille a tout envahi, jusqu'aux pains, qui ont la forme d'un tortil de rubans, et elle a pris dans les murs une solidité ronflante.

Ce ne sont que massives constructions, aux portes formées de lourds bossages, et écrasées, en leur fronton contourné, par d'énormes mufles d'animaux ; de massives constructions, aux fenêtres dont les épais barreaux ont encore derrière eux, pour les protéger, un petit treillis de fer ; de massives constructions aux balcons ventrus, se renflant, ainsi que des ventres de sirènes, et aux grands toits soulevant dans le ciel des statues, dont les draperies sont, comme fouettées par le vent. — Une ville noire, aux déchirures roses de la briquc dans la vieille pierre, qui semble faite pour

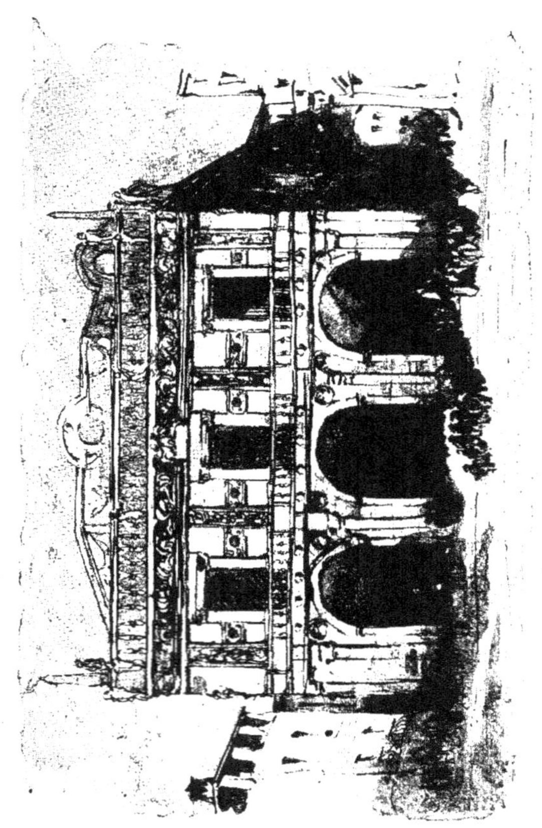

fournir les décorations des vieux drames de notre
boulevard.

VÉRONE

Curieuses, ces salles à manger de gares de chemins
de fer, en Italie! Des pots de camélias tout autour de la
table, aux murs de vieilles toiles enfumées sans cadres,
et sur le poêle, un Napoléon Ier en plâtre.

Là dedans, des officiers autrichiens qui boivent,
fument et causent sans bruit, avec une gravité douce,
des sourires charmants, et un effacement très extraordinaire du militaire devant le pékin. Il en est même
d'isolés et retirés dans les coins, qui lisent des livres de
poésie. Oh! il y a incontestablement chez ces officiers
autrichiens, une supériorité de l'homme du monde et
de l'homme appartenant aux choses de l'art et de la
littérature, sur nos officiers français.

PIAZZA DELLE ERBE.

Près d'une colonne de marbre rose, sur laquelle le
soleil monte avec l'heure, comme à un mât de cocagne,

une immense façade de maison, entièrement peinte à la
fresque, et représentant des escalades du ciel par des
Antée et des Encelade, et de terribles mêlées de corps-
géants ; des fresques, qui semblent la toile michel-
angelesque d'une arène de lutteurs colossaux, et dans
lesquelles, des fenêtres, habitées par des têtes vivantes,
font, çà et là, un trou dans une anatomie du mur.

En bas, sous de grands parapluies de toile blanche,
transpercés de lumière, éclate le bariolage des fichus
et des bonnets des vendeuses d'herbes, ainsi que des
bleuets et des coquelicots, sur les champs verts des
laitues, des porreaux, des choux, étalés à leurs pieds.
Ce sont des vendeuses brunes, les cheveux roulés sur
les tempes, en des volutes ressemblant à celles dont
l'Ionie a fait le chapiteau de ses colonnes, et ce sont
quelques vendeuses blondes, dont les cheveux crespelés
et folâtres mettent autour de leur ovale comme un
rayonnement ensoleillé.

Beaucoup de ces marchandes sont de vieilles femmes
de la campagne, portant un tout petit chapeau de
paille, d'où s'échappent, entremêlés à d'énormes pendeloques d'or attachées à leurs oreilles, de libres
mèches de cheveux, battant de leurs tortils grison-
nants leurs jaunes profils sculpturaux, qu'on dirait
sculptés dans du buis.

Et en plein de cette verdure potagère, l'on voit, et des
quartiers de bœuf saignants, posés sur les premières

marches d'escaliers de palais ruinés; et de la triperie,

au bas de laquelle des chiens, sans couleur et hérissés.

lappent des détritus de mous; et des étalages de pic-
verts : un manger dont on est friand ici, oiseaux
jaunes aux têtes rouges.

A côté, se vendent des petits bouquets, montés sur
de grandes tiges, et des choses de toutes sortes et de
toutes couleurs, parmi lesquelles cherchent leur chemin, des ânons chargés de fagots, perdus dans la broussaille de leur charge.

Là, toute la matinée, se promènent et errent, côte à
côte avec de vieux Italiens, au nez rubicond, faisant
leur marché dans un cabas, caché sous le manteau, les
petites bourgeoises de Vérone, à la démarche alanguie,
la tête voilée d'une dentelle blanche, le front bombé,
les yeux rapprochés du nez, la bouche aux lignes tour-
mentées : — de délicates femmes, toutes charmantes de
la grâce souffreteuse des Botticelli et des Gozzoli, et qui
semblent, en ce nord de l'Italie, des modèles, conservés vivants, des tableaux primitifs.

ILE DE TRESI

VENISE

Un père Éternel, aux traits inhumainement caricaturaux d'un masque tragique, dans une broussaille de cheveux et de barbe; sur son genou un livre de pourpre; au dos un manteau bleu, mettant autour de lui les ondoiements et les replis d'un grand serpent d'azur; — une vierge, aux yeux louches, aux sourcils énormes n'en faisant qu'un, au visage couturé de traits noirs, sur une chair rosâtre, lui donnant l'apparence d'un visage grossièrement maquillé de brique et de charbon; — des phalanges d'anges grêles, avec des ailes ébarbées, des ailes aussi hautes qu'eux, des phalanges d'anges, aux gestes emboités les uns dans les autres, comme une enfilade de marionnettes; — des diables mitrés d'or, aux cornes noires; — des apôtres dans des robes blanches ayant l'air de suaires verdâtres; — des Rois avec les cheveux et les barbes annelés, comme les serpents de la tête de Méduse; — une Ève effarante,

aux membres grossièrement équarris dans la chair, à
la hanche énorme et déboîtée ; — un Noé ventripotent,
dont la tripaille a quelque chose de la charge d'un
Bacchus, dessiné par Daumier. — Oh! les nudités
effroyables, les estropiements grotesques, les gibbosités
hideuses!

Ces représentations de l'Ancien Testament, au milieu
d'une création de bêtes et d'animaux de cauchemars,
de béliers diaboliquement capricants, de mulets aux
oreilles formidables, de chameaux dont le cou a l'allongement de reptiles, de lions à la crinière semblable à la
flamme d'un kriss malais, d'oiseaux héraldiques féro-
cement goulus, becquetant les raisins noirs d'arabesques mystérieusement symboliques, de monstres à sept
têtes cornées, d'hippogriffes pareils à des chauves-
souris et finissant en sangsues.

Et les paysages blêmement sinistres, encadrant cette
humanité, et où, sur le bleu de la mer, les crêtes des
vagues font un grouillement blanc d'asticots remuants,
et où la terre a, pour végétation, des arbres de Jessé
portant des anatomies de vieillards.

Ces mosaïques, — d'épouvantantes caricatures aux
laideurs de l'idole primitive, du fétiche des sauvages.
— et qui semblent, en un art embryonnaire, les im
pressions peureuses et redoutées de la divinité chez un
peuple-enfant.

La place Saint-Marc à deux heures. — Une musique
allemande par un régiment hongrois, aux guêtres

bleues. — A la porte du café Florian, la réunion de la
société aristocratique, des descendants masculins des

nobles familles, des Morosini et des Colonna, qui ont
l'air des *gras* et des *maigres* d'une ancienne image. —
Les grandes dames de la société vénitienne se promenant sous des toilettes parisiennes en retard, mettant
un endimanchement bourgeois à leur beauté, fiévreu-
sement sculpturale. — Ce monde, à tout moment, tra-
versé par des marchands ambulants de fruits confits,
de pruneaux, de nèfles, d'écorces de citron, glacés
de sucre, enfilés le long d'une petite baguette. — Trois
jeunes filles suivies d'une gouvernante, au nez de
Hyacinthe, et d'un petit laquais, les jambes en manches
de veste dans une culotte collante, et, son maigre torse
dans une redingote étriquée, le faisant ressembler à
un *i* qui badauderait en gaminant.

— Rien de nouveau? jette en passant l'une des trois
contessines à une amie.

— Rien. Je suis bien inquiète!

Il s'agit d'un amoureux de Milan, dont le panier qui
sert au boulanger à monter le pain, au facteur les pou-
lets amoureux, n'a pas apporté de nouvelles.

C'est ainsi qu'on se renseigne là, au passage, entre
jeunes filles.

Et celle-ci, me dit, quelques instants après, l'ami
Baschet, est la jeune fille qui dernièrement, pour causer
seule avec son *amoroso*, a cassé deux carreaux, à l'effet
d'écarter la mère un peu rhumatismale, et de la relé-
guer au fond de la grande galerie, parmi ses vieux

galants, — cette mère qui disait encore, ces jours-ci, à
Baschet : « Moi aussi, j'ai été femme! »

Au haut d'une baguette plantée dans le sol, se lit sur
une bande de parchemin : *Victoris Carpatio Veneti opus.*

Un ciel d'un bleu tendre qui s'argente et pâlit à
l'horizon. Sur ce ciel, des voiles à demi carguées de
galères s'enflant au vent, des mâts pavoisés de drapeaux, des étendards, des écus peints de couleurs éclatantes. Au bas d'une colline aux petits arbres rabou-
gris, un palais revêtu de marbres verts et violets, à la
porte encastrée dans des bas-reliefs représentant des
amours jouant avec les trophées du dieu Mars, et au-
dessus un mur crénelé, où court, il me semble bien,

le croissant des Mahométans, et en haut duquel se
tient, un pied sur une boule, un Apollon de bronze
vert, dominant la campagne, où des maisons roses en-
fermant de petits jardins au feuillage noirâtre, dressent
dans le ciel des cheminées en mortier.

Au-devant du palais, sur le coquet mur duquel
court une frise de lauriers, se dresse, sur un piédestal
de marbre blanc, un mât où se balance une flamme
d'or. Là, un enfant aux bas verts, à la calotte rouge,
joue d'une sorte de violon long, près d'un vieillard
assis sur un banc, tenant hiératiquement un bâton
surmonté d'une boule d'or.

De jeunes éphèbes se promènent, coiffés de hauts
toquets à la soie frisée; les uns ont
des bas rouges, les autres des bas
noirs, où montent jusqu'aux genoux
des ornements brodés. Un petit mantelet vert ou bleu leur fuit des épaules, et ils ramènent devant eux un
grand manteau rouge ou violet, tombé
à la taille derrière leurs dos. Ces éphèbes ont le front
noyé sous les frisons de cheveux qui leur baignent le
cou et les épaules, le nez d'une accentuation finement
aquiline, la bouche petite et dédaigneuse, le menton
court et saillant, et leur œil noir est comme perdu dans
un rêve.

A gauche se trouve un portique de marbre, élevé de

trois marches, où un souverain, un doge, en calotte,
— le *corno*, peut-être, — en manteau de drap d'or,
entouré de sa cour, a devant lui un ambassadeur à
genoux, tandis qu'un interprète lit une lettre de pré-
sentation.

Sur la seconde marche du portique, en compagnie
d'une autruche, un singe habillé et encapuchonné de
pourpre, croque un citron.

Un tableau de la vie réelle de la vieille Venise, et
qui, sous le pinceau du peintre-poète Carpaccio, a
quelque chose d'un pays de fantaisie, d'un monde de
son imagination, où le moyen âge de l'Europe se mêle
à l'Orient, ainsi que dans toute la suite de ses toiles,
étalées là, et où reviennent toujours sur le pâle azur du
ciel, des drapeaux, des enseignes, des banderoles, et
des dômes, et des campaniles, et des clochers, et des
rochers bizarres hérissés de forteresses étranges.

Et c'est encore, sur l'eau limpide et morte, des galères pavoisées, et la flotte des gondoles, recouvertes
de tapis d'Orient, où sont des femmes sans sourire, aux
chevelures ardentes semées de perles, dans les robes
de pourpre brodées d'or, près de petits chiens blancs,
qui ont l'air de pelotes de peluche — flotte de gondoles, manœuvrées par ces gondoliers vêtus de couleurs voyantes, du milieu desquels se détache ce musculeux nègre, à la toque rouge, à la torsade blanche,
en glands de sonnette autour du cou, au pourpoint

sombre éclairé par des crevés, au caleçon dessinant un
échiquier noir et blanc, sur un collant bleu.

Diner au GIARDINO, nommé ainsi à cause de ses
treilles. — Une espèce de Ramponneau, où il y a un
coin avec des *boxes* pour les gens à chapeau. — Des
habitués de ce quartier, dont beaucoup, il y a vingt
ans, n'avaient pas mis les pieds sur la place Saint-
Marc, une population de bouchers, comme Castello est
le quartier des gondoliers : des hommes coiffés de laine
rouge, avec dessous des profils grecs, et qui s'entre-
tiennent entre eux d'une voix douce et musicale. —
Nous mangeons un *risotto* : un riz au gras, relevé de
fromage, et dans lequel sont des foies de volailles. —
Momolo, le chef de l'endroit, mandé par nous pour
nous donner la recette, se refuse à venir. — Le *risotto*
est suivi de quatre plats de poissons : parmi lesquels il
y a un *rombo*, des rougets, des *scampi*, de petits poissons qui ont l'air de queues de crevettes, et qui ont
un goût d'artichaut. Puis une salade de choux-fleurs,
et comme entremets, un énorme *zabaione*.

Un marchand de marrons, coiffé d'une calotte grec-
que, dans une houppelande verte, blanche sur toutes
les coutures, et que recouvre sur le ventre un petit
jupon blanc tombant jusqu'à mi-jambes, passe entre
les tables, un panier au bras, offrant sa marchandise,

pendant qu'un guitariste joue dans un coin de la salle.

L'addition est apportée, écrite au fond de l'assiette, et la répartition se fait sur le cul de l'assiette, passé à la bougie.

En ces temps, où la mélancolie d'une nation n'est pas constatée dans les livres, elle est écrite d'une manière bien visible dans les tableaux.

Voyez donc, dans les vieux tableaux de Venise, les accoudements pensifs des femmes aux balustrades, les élévations de leurs yeux au ciel, leurs regards longs, qui vont au delà de celui qui leur parle, ou leurs regards vagues de côté, regards qui ne regardent pas, et qu'accompagnent des déliements de mains, des dénouements de corps d'êtres, distraitement et songeusement pensifs.

Chez les jeunes gens, ces bruns éphèbes qui semblent avoir dans les veines du sang arabe, c'est presque la grave rêverie de l'Orient, et l'enfance est peinte dans une espièglerie reposée, qui ne déborde que dans la lumière de ses yeux.

L'ÉGLISE DES FRARI.

Des nuques, des nuques, des nuques de Vénitiennes, surmontées de leurs noirs chignons nattés, traversés d'épingles d'argent, et sous lesquels éclatent de petits châles rouges comme des coquelicots. Des colonnes entourées de laine rouge, et sur lesquelles courent des festons, et dans le fond du chœur, le tombeau des Pesaro tendu de rouge, tout flamboyant du soleil du Midi, et de la flamme des candélabres aux bobèches de buis, dans cette sorte d'apothéose sang de bœuf.

Et le service divin, au son d'une musique toute théâtrale, au son de valses et de polkas, à la mesure, comme frappée avec une batte d'Arlequin.

BIBLIOTHÈQUE DE SAINT-MARC.

.   .   .   .

5 *janvier* 1785. — Le libraire Panckoucke n'a pu suffire aux demandes qui lui étaient faites du livre de

M. de Necker ; à peine six, quatre, et même deux exemplaires étaient brochés, qu'on les enlevait de force, pour ainsi dire, de son magasin. Il est constant que, s'il avait eu vingt mille exemplaires, ils auraient été tous vendus la première semaine.

6 *mars*. — Le superbe hôtel Mazarin, situé quai des Théatins, a été aussi vendu la semaine dernière à M. le marquis de Juigné, frère de notre archevêque, à raison de 480 000 livres.

7 *avril*. — La demoiselle Lavaux, jeune actrice du Théâtre-Français, au moment où elle allait se rendre chez Mme la comtesse de Montesson, le feu a pris à son tablier de linon, et elle a eu le sein et une partie du corps calcinés.

10 *avril*. — On disait que Dubarry, le roué, avait vendu et livré sa femme au Contrôleur général (M. de Calonne).

17 *avril*. — Sedaine a adressé une lettre très énergique à l'Académie, où il expose ses droits, en sorte que l'élection de Morellet est non certaine : Watelet étant très malade, il lui succèdera.

Il est très certain que le baron de Breteuil a intimé à Dubarry, le roué, de quitter Paris. Ce ministre, en le mandant chez lui, lui a signifié en outre, que le Roi était instruit qu'il intriguait pour faire casser la séparation du mariage de la comtesse Dubarry, sa belle-sœur, avec le comte Guillaume son frère, que S. M. lui ordonnait de se tenir tranquille, sans quoi il serait enfermé pour le reste de ses jours. Notre roué se dispose en conséquence à partir avec sa jolie femme pour l'Italie. Les ennemis de M. de Calonne ajoutent que le ministre a envoyé 2000 louis à cette dame, pour les frais de voyage.

8 *mai* 1785. — Le sieur Granger, tenant le *Petit Dunkerque*, fameux magasin de bijouterie et de quincaillerie, au bas du Pont-Neuf, vient de cesser ses payements, au grand étonnement de toute la capitale, et demande à ses créanciers six ans pour les payer, à quoi ils souscriront probablement.

15 *mai*. — Le duc de Choiseul qui vient de mourir, a nommé Mme la duchesse de Grammont sa légataire universelle, M. le duc du Châtelet son exécuteur testamentaire. Il a légué sa toison d'or, garnie de diamants, au maréchal de Stainville, son frère, dans l'espérance sans doute, que le Roi d'Espagne le décorerait de cet ordre. Il a fait beaucoup de legs particuliers à des gens.

Les amis du duc de Choiseul se plaisent à répandre le bruit, qu'au moment de sa maladie, il était à la veille d'être fait premier ministre.

5 *juin*. — La Saint-Huberty est partie pour Lyon et Marseille, où elle compte exercer à raison de 500 livres par représentation. L'Opéra en souffrira.

16 *juin*. — Un amant maltraité par Carline de la

Comédie-Italienne (la carline étant une fleur d'un bel incarnat à tête épineuse), a fait les vers suivants, qu'on chante sur l'air de Joconde :

> La carline, jusqu'à présent,
>   Passait pour vermifuge.
> On la donnait très prudemment
>   Comme un bon fébrifuge.
> Mais aujourd'hui qu'on ne suit plus
>   L'ancienne médecine,
> On a trouvé d'autres vertus,
>   Messieurs, à Carline.

14 juillet. — La demoiselle Durancy, actrice de la Comédie de Nancy, dans une partie de chasse faite avec des officiers au régiment du Roi, ayant dit que leur chasse aurait été meilleure s'ils avaient fait une battue, et pris pour cela deux ou trois cents gendarmes, elle fut sifflée au théâtre à outrance, et de là, chez elle, où on l'accabla d'injures, on lui coupa les cheveux, et on lui fit mille indécences.

11 août. — Le *Barbier de Séville* sera joué au Petit-Trianon. Le duc de Guiche y remplira le rôle de Bartolo, et le bailli de Crussol celui de Basile.

25 août. — Pigalle est mort subitement, dimanche dernier, n'ayant été malade que douze heures d'une colique.

6 octobre. — Les critiques multipliées et pour la plupart mal faites, qui ont été imprimées sur l'Exposi-

tion de cette année, tant dans les feuilles périodiques
que dans les brochures particulières, ont déterminé
M. le comte d'Angivillers, Directeur et Ordonnateur
général de cette partie, à demander que, dorénavant, il
ne fût imprimé aucune critique, sans avoir été préala-
blement censurée et approuvée par lui. Le progrès des
arts, qui exige la liberté, s'opposera sans doute à cette
entrave.

15 *octobre*. — La demoiselle Guimard, blessée, dimanche dernier, au genou par une chute dans l'escalier, ne sera point en état de faire briller son talent,
pendant les voyages de la cour.

30 *octobre*. — Début de Mlle Candeille, reçue à
l'essai, c'est-à-dire aux appointements de 3000 francs.
Ses ennemis, craignant que sa jeunesse et sa jolie
figure lui procurent des protecteurs puissants, qui
forceront la Comédie-Française à la recevoir à Pâques,
à quart ou à demi-quart, se sont rendus chez le maréchal Duras, pour faire des représentations.

La Dlle Vanhove, également reçue, mais pour plaire
à Mlle Contat, qui destine sa sœur à jouer les jeunes
amoureuses. Elle avait été forcée de cesser ses débuts
dans cet emploi, lorsqu'elle reçut ordre de jouer
devant la cour, à Fontainebleau, dans l'*École des Mères*,
le rôle qui lui a attiré les plus grands applaudissements.
Contat ayant appris cet ordre, et que c'était la reine
qui avait demandé la Dlle Vanhove, s'écria, dans

une grande agitation : *Cette Reine a bien du crédit*[1]!

. . . .

Ces nouvelles à la main manuscrites portent en tête : « *Nouvelles de l'an 1785, par M. Barth. L'adresse de M. Barth est au café du Caveau, au Palais Royal, à Paris* » — et à la fin du volume : « *La feuille a été envoyée à Son Excellence, Monsieur le Chevalier Delfino, ambassadeur de Venise, depuis le 1er mars 1785 jusqu'aujourd'hui 26 février 1786, qui fait douze mois à 48 livres par mois... 576.*

CANAREGGIO.

Le quartier Mouffetard de Venise. — Du plâtre gris, vieux de plusieurs siècles, des façades de brique qui ont reçu le soleil de l'an 1400, des maisons usées par des successions de générations, et des dessus de portes qui s'en vont pierre par pierre, et d'anciennes fenêtres ogivales murées, et des cheminées à entonnoir entièrement égueulées, et des grilles de balcon descellées, pendantes sur le canal : tout un quartier fruste, comme une sculpture antique, mangée par la pluie et le soleil. — Des ponts croulants, étayés sur des pilotis, et l'eau croupie des canaux, laissant une ligne verte

---

1. Je signale ce manuscrit, renfermant de petits renseignements inconnus, à un publicateur du dix-huitième siècle inédit.

aux maisons, dont les volets de vieux bois pourri sont couleur de boue.

Çà et là, des *campi*, de petites places mélancoliques, à la verdure noire d'un cyprès, à l'herbe maigre des cours où le pied de l'homme ne passe plus, et où quelquefois, mise sur le côté, se trouve la carcasse d'un bateau abandonné, autour de laquelle jouent de petits garçons, encapuchonnés jusqu'au derrière dans des tartans en loques, ou bien gisent quelques fragments de mobiliers hétéroclytes Le silence des villes mortes, dans ces rues moroses, et partout les fonds briquetés et roux, tels qu'ils se présentaient au Tintoret, de sa fenêtre du Campo degli Mori.

Un coin de l'Afrique, tout plein du deuil de l'ancienne civilisation maure, qui a laissé à l'angle d'un mur le profil d'un des siens, obombré d'un turban gigantesque, et plus loin. sur le vieux *palazzo* qu'a taché le noir d'une industrie moderne, et dont le balcon a aujourd'hui complètement disparu sous des dindons plumés, attachés la tête en bas, la silhouette effacée d'un chameau chargé d'aromates.

Au palais Ducal, dans la grande salle du Conseil, le plafond de Véronèse.

La « Venise couronnée » dans son corsage d'hermine, aux petites houppes noires, dans sa jupe de damas blanc aux ramages d'or, apparaît en sa gloire, la tête renversée dans un mouvement d'orgueil, fouettée de vie aux pommettes, et comme fardée d'un jeune sang, sous les frisons de ses cheveux roux. Et la colorée et harmonieuse carnation de son visage, et la matité des blancheurs laiteuses de son cou et de la naissance de sa gorge, meurent dans la pénombre ambrée d'un pays de soleil.

Autour d'elle, et au-dessus de colonnades ayant les tons à la fois argentins et bleuâtres de l'étain, au-dessus de balcons peuplés de Vénitiennes, vêtues de robes pompeuses et chatoyantes, sont assemblées, dans l'azur du ciel, des femmes nues, les chairs délicatement animées et comme reflétées de nacre de perle, aux coudes et aux bouts des doigts roses, des femmes nues, au jeu de voluptueuses lumières le long de leur colonne vertébrale, aux balafres de soleil, çà et là, sur leur épiderme velouté, aux têtes abaissées sous leurs cheveux retroussés, ainsi qu'une chevelure de la Diane chasseresse, et tout papillotants d'auréolements d'or, aux oreilles découvertes montrant leurs petits lobes rondissants, aux fronts lumineux, aux longs cils sur leurs regards noyés, aux bas des visages, où est une bouche rouge et un menton charnu, perdus et retrouvés dans des ombres légères et chaudes, en une espèce d'embrasement des demi-teintes : — têtes de déesses qui ont l'air de têtes de courtisanes du ciel.

MURANO.

Sur toutes les portes du canal désert, où dorment
au soleil, les barques et l'eau, des petites filles à la robe
dégrafée, à la chevelure folle — quelques-unes ont les
cheveux si noirs, qu'ils semblent bleus — et des mar-
mots débraillés se tenant, en des poses ratatinées, les
mains sur des gueux. — Des hardes qui sèchent, des
chats roux se tenant dans l'angle d'une fenêtre, comme
sur un théâtre de Guignol, des chiens, des caniches,
graves et pieusement silencieux, comme ceux en pierre
qui gardent une tombe du Moyen-Age, et dont le silence,
en cet endroit mort, autrefois si bellement, si richement, si artistiquement ouvrier, semble, par moments,
aboyer : *Sic transit gloria mundi.*

Au Dôme, sur des bancs, disparues dans leurs châles,
des femmes vautrées en des poses ravies, et comme
saintement évanouies.

Derrière l'abside de l'église byzantine, sur un mur
blanc, que le soleil d'hiver illumine, deux hommes
gras, sans âge, ressemblant à de vieux cabots, s'escri-
ment, se démènent, se battent dans du rouge, comme
des bœufs dans de la pourpre. Ce sont les sacristains
qui passent leurs souquenilles.

Au musée Correr, deux amusants tableaux représentant « Une Scène de Carnaval », et « Une Représentation de Marionnettes » : deux tableaux, de ce Longhi, de ce peintre du Carnaval, en cette ville qui, pendant tout le dix-huitième, fut le théâtre d'un perpétuel carnaval, et où encore à l'heure présente, au fond de ces misérables logis, dont tout le mobilier se compose de trois madones avec leurs chandelles, d'un lit en planches, d'une grande armoire, — l'armoire ne contient guère, bien souvent, que le costume de carnaval et le masque.

Charmantes, les attitudes gouailleuses des masques masculins, vus de dos! Ravissantes, les belles prestances des *donne*, la tête haute sous un petit tricorne, le rose de leur gorge, transperçant un camail de dentelle noire, appelé baütte[1] montant jusqu'au masque, ce masque étrange faisant un effet saisissant, ce masque blème aux lèvres et aux paupières rougies, — et ballonnantes dans leur large panier, les *donne!* une

---

1. Un article du *Mercure de France*, de l'année 1727, fait ainsi la description de la *baüte*, d'où vient l'invention du *domino*. C'est une petite capote de taffetas noir qui descend jusqu'au-dessous du menton, et qui est bordé par le bas d'une dentelle de soie. Elle est ouverte par devant, et échancrée de manière qu'on ne peut voir que le nez et les yeux. On met par-dessus un chapeau ou barrette de noble avec un demi-masque qui ne cache que le nez, le haut des joues, le front.

Les hommes portent la baüte, sur un habit ordinaire, une robe de noble, une *gamberluque* ou robe de chambre.

main jouant de l'éventail, et intriguant de côté, et en coulisse.

Un joli historien de mœurs que ce Longhi! donnant à

ses scènes, ainsi qu'un témoin oculaire et spirituel, un
décor et un entour, non puisés à un idéal agreste ou
décoratif, mais aux intérieurs intimes de la vie privée de
Venise : un peintre, en ses grandes toiles, à la peinture
décorative ayant quelque analogie avec celle de Goya.

Deux cahiers d'études de Longhi, conservés dans le ca-
binet du directeur, dévoilent chez le peintre vénitien une

complète assimilation avec le crayonnage de Lancret,
avec ses jambes, bâtonnées à l'imitation de son maître
Watteau, avec ses coups de crayon noir épointé, habi-
tuels aux deux dessinateurs français. Longhi a encore,
comme similitude avec notre grand peintre français, de
nombreuses études de mains, qui, moins magistrales,
moins maîtresses de la forme que celles de Watteau,
n'en sont pas moins d'une linéature très cherchée.
Toutefois, dans ces deux cahiers, que d'habiles et sé-

rieux croquis des amples habits du dix-huitième siècle,
que de jolies surprises du mouvement des personnages,
où il y a toujours l'originalité que donne le dessin
d'après nature, — et Longhi dessine d'après nature
jusqu'à des pots de chambre.

Les dessins de Longhi sont des croquetons enlevés

à la pierre d'Italie, rehaussés de blanc, sur un papier
légèrement *chocolaté*, des crayonnages faits avec un
crayon facile, heureux, qu'on sent tournoyer entre les
doigts de l'artiste, et qui, semblable à une estompe, a
quelque chose de non arrêté, d'artistiquement émoussé
dans les contours. Quant à la sanguine, Longhi n'a

jamais su la mêler, la marier à la pierre d'Italie, à la craie, et ses *trois crayons* sont petits et peinés, comme des dessins de graveurs.

Un Vénitien, du nom de Soldini, il y a vingt ans, déshérita, en mourant, sa famille de plusieurs millions, pour fonder un hôpital et des services en son honneur, des services solennels et pompeux dans Saint-Marc, tout tendu de noir, dehors et dedans, avec la musique d'une messe composée expressément pour lui : services mortuaires qui durent quatre jours, chaque année.

Et le Vénitien a tout réglé dans son testament, jusqu'au moindre détail, jusqu'au nombre des cierges, et si une seule des choses indiquées par lui venait à manquer, tout l'héritage doit retourner au corps de ballet de Milan. En sorte que tous les ans, le chef du ballet de Milan se transporte à Venise, pour inspecter si on a laissé de côté la moindre recommandation du mort — à l'affût du plus petit oubli.

Sous des voûtes magnifiques, sous des plafonds aux caissons merveilleusement sculptés, des lits rangés la tête au mur... Je suis avec le docteur Callegari à la Scuola di San Marco, à l'hôpital où les malades arrivent, d'où les morts s'en vont en gondole.

Nous voici dans la salle des vénériennes. D'aucunes

dorment, d'autres cherchent un pou... six ou sept, reluisantes, comme des casseroles fraîchement étamées, pressées autour d'une table, parlent, crient, font grand bruit. Elles sont bizarement accoutrées de loques orgueilleuses, de canezous rouges sur des jupons blancs. Devant chacune d'elles est rangée, formant une mosaïque semblable au pavage du Dôme de Murano, une collection de pierrailles et de bijoux faux, et l'une secoue un grand sac, où sonnent des morceaux de bois. Les drôlesses jouent à la tombola.

Le docteur a pris, en se jouant, la joue de l'infirmière, et passe dans le rire, les grosses gaîtés, les saluts ironiques, les propos obscènes de la table.

L'amusant livre, ce livre du parent du Titien, ces Habiti antichi de Cesare Vecellio, en leur originale édition de 1590 : livre qui, avec ses bois frustes, ses images artistiquement barbares, vous repeuple la place Saint-Marc, la Piazzetta, les Procuraties, le pont du Rialto, les canaux, les *campi*, du monde contemporain des vieilles pierres de la ville, et vous fait revoir les

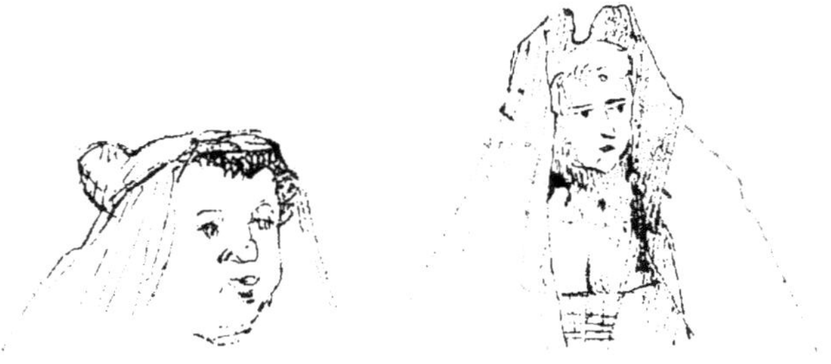

hommes et les femmes de l'antique Venise, dans le luxe, la pompe, le faste, la *bombagia* de leurs costumes.

Voici le doge des premiers siècles, dans son costume d'empereur byzantin, avec sur la tête son *corno*, son bonnet pourpre, entouré d'un cercle d'or, serti de pierres précieuses. Et voici le doge de siècles plus récents, avec la modification du *corno* en couronne, et la palatine d'hermine sur les épaules ; — voici la dogaresse, dans sa *dogaline* de brocart d'or fin, son collier de perles du plus bel orient au cou, sa ceinture formée par une chaîne d'or tombant à ses pieds ; — voici le général vénitien, en temps de guerre, tout habillé de

velours cramoisi, avec le bonnet ducal et le grand
manteau, le *paludamentum* attaché sur l'épaule gauche
par un bouton d'or; — voici les membres du Conseil
des Dix, porteurs également de vêtements de pourpre;
— voici les sénateurs, habillés de la couleur nuée du
plumage des paons, dans leurs manteaux aux grandes
manches ouvertes et tombantes jusqu'aux jarrets, dou-
blées de fourrures ; — voici les magistrats habillés de
violet; — voici « le grand capitaine », l'officier chargé
de la police, avec les revers de son manteau de velours
ornés d'entrelacs de cordonnets de soie, et son grand
cimeterre.

Et c'est toute la noblesse de Venise : — c'est le baron,
à l'habillement de drap d'or, dont les manches et les
pans couverts de lames d'argent, à l'imitation de plumes
d'oiseaux superposées, lui fait un costume éblouissant de
lumière, « quand le soleil donne dessus » ; — c'est l'ancien noble, coiffé d'un *berettino*, d'un petit bonnet rond,
où sur le devant des cordelettes forment une croix,
marque distinctive d'une grande dignité, l'ancien noble,
porteur d'un manteau ouvert d'un seul côté, donnant
d'amples plis et de beaux cassements d'étoffes ; — c'est
la matrone noble, ses cheveux bouclés épandus dans
le dos, sous un manteau au collet de zibeline, dans une
robe décolletée et balayant la terre, le corsage ornementé de délicates broderies, « s'harmonisant avec la
chair de sa poitrine » ; — c'est une autre femme de la

noblesse, en tenue de ville, coiffée sur ses cheveux *couleur d'or* d'un bourrelet de soie et d'orfèvrerie, du *balzo*, le corsage fleuri de pierres précieuses, la taille serrée dans une ceinture d'or massif, les bras cerclés de riches bracelets, — des bras ayant à leurs extrémités des mains, « qu'à force d'art, les Vénitiennes rendaient blanches, comme n'en avait aucune femme d'une autre nation »; — c'est une autre femme de la noblesse parée, *pour comparoir aux fêtes et dévotions publiques*, le front dans un cercle d'or, surmonté d'un médaillon où est un diamant, avec au-dessus l'envolée d'un manteau faisant le plus ondoyant gonflement, et d'un manteau brodé d'étoiles d'or, enveloppant d'un seul côté les dessous de la toilette de la femme; — c'est la châtelaine de terre ferme des États Vénitiens, la tête enveloppée jusqu'aux yeux, et au bas jusqu'au menton, par une voilette de soie, une robe de dessus, couleur hyacinthe, fendue des deux côtés, avec des demi-manches boutonnées sous des demi-manches ouvertes; — c'est la jeune fille à marier, c'est... c'est la fiancée, sous son *fazzuolo*, son mouchoir noir transparent, qui lui cache à demi le visage.

Oh! quels charmants et pittoresques costumes la jeunesse portait à Venise!

Il y a l'adulte, dans ce costume, dit le livre, révélant l'ingénuité, la pureté du jeune Vénitien, « dont le manque de *malizia* l'éloignait de tout plaisir charnel jusqu'à l'âge de trente ans ». On le voit, sous les longs cheveux, qu'il laissait pousser, autant qu'ils pouvaient croître, et qu'il mettait ses soins à rendre beaux et brillants, non avec des coquetteries de femme, mais avec la *schietezza* d'un ordre religieux élégant. Un cercle de velours, indiquant la virginité de celui qui le portait, entoure la tête. La veste courte, à petits pans, appelée *gavardina*, est ouverte sur la poitrine, et laisse apercevoir le tuyauté du haut de la chemise; les jambes sont enfermées dans un maillot, aux deux bandes de couleurs différentes, et de la ceinture part un petit tablier, cachant les parties naturelles, comme d'un pagne.

Il y a, comme contraste, le costume du jeune homme *per far l'amore* (pour faire la cour aux dames). Il a les cheveux frisés sur le front et le reste de la chevelure tombant sur les épaules, un vêtement de brocart de soie, agrémenté de dentelles, et auquel pend par derrière un long capuce, qui lui évite de prendre un chapeau, en temps de pluie.

Mais parmi tous ces costumes de la jeunesse, le costume qui joint à la suprême élégance une richesse presque tapageuse : c'est celui du compagnon *della calza* (des chausses). Voyez-le, de dos, dans sa pose penchée, ayant sur la tête le *berrettino* noir ou rouge, le toquet tailladé qu'il porte sur l'oreille, avec dessous les cheveux attachés par des cordelettes de soie. Son pourpoint a des manches lacées avec des aiguillettes aux

ferrets d'or massif, et les chausses moulant les formes
du jeune homme, comme si elles étaient nues, et les
habillant de la bigarrure de couleurs éclatantes, sont
semées de perles, tandis que le revers du capuchon de
son manteau porte sa devise, au milieu de broderies
d'or.

Et défilent ainsi devant vos yeux toutes les classes,
toutes les professions, tous les métiers : — les *bravi*, avec
les revers du pourpoint descendant jusqu'au bas de la
poitrine, où ils s'attachent avec des rubans de couleur,
un large glaive au côté, un poignard dans une poche
sur le ventre ; — les marchands, les riches marchands
faisant le commerce avec la Syrie, avec l'Orient, vêtus
d'un pourpoint de velours sans collet, sur un pectoral
laissant voir une chemise plissée, dont la mode s'est
longtemps conservée en Italie, et aux jambes des bas *à
la martingale*, et aux pieds des souliers de velours ; —
les gondoliers avec leurs pourpoints aux retroussis sur
les hanches, et la plume oscillante au-devant de leur
bonnet ; — les étudiants des universités, portant le
bonnet frisé à côtes, dit *tozzo*, entouré d'une guirlande
de marguerites, le cou dans une fraise tuyautée ; — les
boutiquiers, habillés de tuniques aux manches à coude,
ou plus habituellement d'un mantelet court, en serge ;
— les huissiers et les crieurs publics, sous un manteau
bleu avec au bonnet l'image de Saint-Marc ; — les soldats des galères de Venise, la plupart des Esclavons.

porteurs de *burichietto*, d'une espèce de jaquette sans
collet, boutonnée sur la poitrine, de la culotte de toile de
lin, d'un bonnet de drap rouge, surmonté d'un panache,
l'épée et le poignard à la ceinture ; — les courtisanes,
désireuses de se faire une bonne réputation en simulant
l'honnêteté, qui portent le deuil des veuves, mais trahis-
saient leur état, quand leur main soulevant leur capeline
noire, laissait voir un cou sans collier de perles, — luxe
qui leur était défendu par les édits somptuaires ; — les
basses prostituées, en un costume presque masculin, le
torse dans un pourpoint très décolleté, et aux grandes
franges, les jambes dans des espèces de culottes courtes,
s'attachant au-dessus de bas de drap brodé ; — les ser-
vantes dans leurs robes de serge de laine, de la couleur
fauve, qui s'appelait à Venise *rovana*, un voile blanc
couvrant leur tête et enveloppant leur humble silhouette.

De notre fenêtre (décembre, 10 heures du matin), le
ciel bleuâtre devient à l'horizon couleur d'opale, et il
semble flotter, tout là-bas, sur la mer, comme un crêpe,
d'un bleu indiciblement tendre, s'en allant à la dérive.
— Sur ce ciel des dômes et des campaniles, à l'apparence d'argent oxydé. — Près de la Giudecca, on dirait
le soleil sur les flots jouant aux ricochets avec des palets
de diamants et de feu, ou secouant une cotte de mailles
d'acier poli, remuant sans trêve et fourmillante d'étincel-

lements. — Contre la Dogana, dans une chaude ombre violette, les voiles couleur tabac des barques s'illuminent fauvement, et sur la boule d'or que le soleil incendie, resplendit dans son élancement la Fortune volante. — A la poupe des gondoles, et toujours et sans cesse, les gondoliers penchés et relevés sur leur rame. — L'eau est engourdie, pâmée, figée, et les mâts jaunes des bateaux et les palais roses s'y reflètent, comme en une huile où les arêtes des lignes se noieraient dans du gras liquide. — Des mouettes naviguent sur ces eaux, comme des cygnes, ou volent un peu au-dessus, en y trempant, de temps en temps, leurs pattes, laissant pleuvoir des gouttes de lumière. — Et pour tout bruit, un marteau lointain de calfat, un gémissement de poulie, un cri de mouette.

PADOUE

Je déjeune dans le fameux café dont les Padouans sont fiers : le café Pedrocchi. A côté de moi, un abbé maigre et long comme un jour sans viande, un *abbate ornatissimo* se repaît d'une biscote, trempée dans un dé à coudre de café noir, pendant qu'un enfant qui s'est approché de moi, marmotte je ne sais quoi, tout en pigeant les miettes de pain, tombées dans les plis de mon paletot, qu'il porte avidement à sa bouche, et cela, pendant que le garçon essuie sur les carreaux, avec son mouchoir, la buée de l'haleine des affamés regardant manger du dehors.

Padoue m'a laissé le souvenir de la ville de la faim.

MANTOUE

Par la rue, un garçonnet joufflu et rose, coiffé sur ses blonds cheveux d'un tricorne ecclésiastique, gambadant, sautillant, un de ses pieds chaussé du soulier à boucle des gens d'Église, toujours en l'air, et qui semble chercher le derrière d'un camarade. Son corps d'enfant, rejeté en arrière, est drapé dans le petit manteau noir, que sa main ramène sur l'épaule droite et laisse pendiller coquettement sur son dos. Une gentille gaminerie dans ce rond visage, sur lequel pointe un petit nez relevé, et sour t une bouche moqueuse. Il rappelle, avec quelque chose de plus svelte, de plus dansant, de plus aimablement polisson, ces amours en porcelaine de Saxe, auxquels le dix-huitième siècle fait faire des niches aux bergères assises dans les candélabres, qui servaient aux toilettes des duchesses — ces Cupidons cléricaux, tout roses, et qui n'ont de noir que le tricorne et le petit manteau.

Le palais du T, une omelette d'hommes et de femmes,

vus par la plante des pieds, le périnée, le dessous du
ventre, le dessous des seins, le dessous du menton, le
dessous des narines : une maladie aiguë du raccourci,
qui fait tous ces dessous, comme s'asseoir et peser sur
votre regard.

Oh ! la monstruosité bête et presque comique, que cette
« Salle des Géants », ce fourmillement d'Arpins anté-
diluviens, cette salade de muscles d'un dessin exorbitant,
ce gâchis inepte de nudités extra-humaines, fabriquées
avec des *écuellées* de vermillon, cet écrasement, cet
estropiement de jambes, de bras, de têtes, dont on a
éclaboussé un mur. On dirait un musée de statues de
Michel-Ange, qui aurait fait explosion, et collé aux
parois, un monde de la Force, aplati, brisé, cassé,
démoli.

Ah, ce palais du T! ah, cette Salle des Géants! ce sont
de terribles témoignages du manque de goût des princes
de Mantoue.

Vérone, Mantoue, toutes ces cités, à fossés, à ponts-
levis, à remparts, à bastions, à redoutes, avec des sentinelles se promenant dans le ciel, mes yeux qui ont
gardé le souvenir des pièces du Cirque de mon enfance,
ne les voient pas comme des villes réelles, mais bien
comme des décors à praticables, où va évoluer Gobert-
Napoléon Ier, et où la joviale Léontine va verser aux
vieux de la vieille garde le *riquiqui* de la gloire.

PARME

Une vraie curiosité du XVIe siècle et d'un format
exceptionnel. Une salle de théâtre, tout en bois, élevée
pour le mariage d'un Farnèse, pouvant contenir douze
mille personnes, et où un parterre profond, certains
jours, se remplissait d'eau, amenée par des conduits
que l'on voit encore, et simulait une petite mer pour
les naumachies.

Des escaliers à balustres mènent à un amphithéâtre
ayant quatorze rangs de gradins. Au-dessus, un premier rang de loges à hautes arcatures cintrées avec
des peintures dans les niches : les loges des premières
familles de Parme. A l'étage supérieur, le même ordre
et les mêmes dispositions pour les familles classées :
secondes familles. Comme couronnement, une élégante
terrasse à la balustrade surmontée, de distance en distance, par des statues. Un plafond plat en bois, tout
dégradé, où se voient encore des restes de fresques.

A la place des avant-scènes, deux portiques réservés

pour les souverains du pays, portiques, en haut desquels sont placées des statues équestres de deux de ces princes.

Une scène d'une grandeur et d'une profondeur immenses.

Ce théâtre, ou plutôt cette ruine de théâtre, est de la plus belle couleur : le vieux bois a pris une teinte d'acajou à l'état de nature, sur laquelle se détachent, un peu fantomatiquement, les blanches statues peintes.

Une extraordinaire collection de lettres autographes, émanant de Français illustres de tous les temps, formée de la collection des

Farnèse pour le xvie siècle, de la collection de Pacciaudi pour le xviiie siècle, de la collection Bodoni pour le xixe siècle, — et qui va d'une lettre de Montluc ou du cardinal du Bellay, à une lettre de Mme Geoffrin ou du cardinal de Rohan, et des lettres de Mme Geoffrin et du cardinal de Rohan, à des lettres de Masséna et de Mme de Staël.

MODÈNE

A Modène, quand nous arrivons, toute la ville est en remue-ménage.

Le beau palais, où dans la frise du haut, les aigles alternent avec les fleurs de lis, est rayonnant, comme la façade de l'hôtel d'une maitresse de maison, dont c'est le *jour*. Et les sentinelles de la porte sont droites et fières, et dans la ville, c'est un tapage.... car les quatre équipages de la capitale, je ne sais en l'honneur de quoi, brûlent le pavé, encombrent les rues. Oh! de colossaux équipages : les derniers carrosses hauts sur roues, et tout carillonnant d'antique ferraille, montrant, sur le siège, des cochers rhomboïdaux, recouverts de fastueuses et de sordides livrées, carrosses d'où l'on s'étonne de ne pas voir tomber par les portières, pêle-mêle avec des boniments, des panacées et des rouleaux de la Mecque, mais dans le fond desquels on perçoit, ratatinée, une vieille femme, un vieux pastel, grelottant sous une vieille pelisse d'hermine.

C'est le duc de Modène qui possède le grand hôtel de ses États. Et peut-être est-ce le ministre des finances de Modène qui vous fait votre note.

PLACE DE COLOGNE

BOLOGNE

Sur la route de Parme à Bologne, dans une petite
ville, Arezzo je crois, nous entrons dans un café, où sont
des hommes dépenaillés, sous de grands manteaux de
cette affreuse serge verdâtre, dont Raphaël habille ses
apôtres, où de vieilles femmes, aux sévères et vulturins
profils, donnés, par Michel-Ange à ses Sibylles, prennent du café dans des verres, près d'une cheminée, sur
laquelle une pancarte contient les noms des *signori* qui
contribuent au feu, — et où des o marquent le nombre
de fois qu'ils sont venus se chauffer.

Bologne, la vieille ville, la ville âpre et remueuse du
moyen âge, la berceuse des factions, la ville à l'esprit
osé, révolutionnaire, précurseur des idées nouvelles, —
et toujours vendue et revendue par des Judas, — la cité
qui a pour devise : *Libertas*.

Sur la place, un grand palais, tout démantelé, tout
ravagé, aux énormes trous non rebouchés, dans lequel
est encastrée une ornementale fontaine de Jean de Bologne, où sous une statue en pied d'un pape en bronze
vert, des femmes élégamment longues, et nonchalam-
ment renversées, pressent des deux mains leurs seins,
petits et drus, comme des seins de vierge.

En cette ville, l'arcade s'empare de toutes les rues, et
met, sous ces voûtes à la Granet, une ombre, où une
étroite lumière filtre çà et là, sur les tons verdâtres des
murs, faisant de cette ville du soleil, la ville du *clair-
obscur*. C'est bien la patrie du talent « clair obscur »
de Guerchin, qui enduisant ses toiles d'une préparation
de poudre de marbre, recouverte de glacis, obtenait
d'être nommé le magicien de la couleur. Mais, au bout
de cinquante ans, la préparation est tombée, et Guerchin n'est plus que le coloriste de la nuit.

Partout dans la ville, des mendiants, et non des mendiants errants à l'aventure, mais des mendiants à poste
fixe, en possession, sur des chaises boiteuses, d'un
endroit leur appartenant, ainsi qu'une concession à per-
pétuité; et des fiévreux claquant des dents, sous leurs
frusques rousses; et des aveugles, sans âge, qui remuent

de minute en minute, monté comme un mouvement de

pendule, un cornet de fer-blanc, qui sonne et puis se
tait; et encore de vieilles femmes, avec de grands trous

dans leur sarrau, et où passent des morceaux d'ostéo-logie de faméliques. Oui, d'une porte à l'autre de la ville, c'est une population d'êtres haillonneux. loque-teux, guenilleux, et d'où s'élèvent de toutes les bouches des notes lamentablement plaintives, et qui sont comme un cantique de la souffrance.

Un mendiant surtout était horrible à voir, et je l'ai emporté dans mes yeux. Un couvre-chef indicible lui couvrait la figure jusqu'au menton, d'où s'échappaient quelques rudes poils d'une barbe, semblable aux soies d'un sanglier, et les bras tombés le long de son corps, avec les mains à demi ouvertes, il était à genoux au milieu de la rue, dans la boue, la neige fondue, et il restait là, ainsi, sans un geste. les lèvres mortes, immo-bile comme un marbre, muet comme un cadavre debout.

UN DIALOGUE.

— Ils sont si intelligents !

C'est un patriote italien, et un érudit des plus savants sur l'histoire de la peinture italienne, qui cause avec moi.

— Vous parlez des brigands ?

— Oh ! cher monsieur, ne prononcez pas ce mot.. vous ne pouvez pas comprendre... Ces *tedeschi*, oui, les Autrichiens en ont fusillé, fusillé... ils en ont bien fu-

sillé ici quatre ou cinq cents, depuis six ans... Pour un
fusil trouvé, on fusille.

— Eh bien, comment volent-ils, maintenant qu'ils
n'ont plus de fusils?

— Oh! ils ont raison des meilleures serrures... ils
sont si intelligents! et il répète trois ou quatre fois : si
intelligents!

Et ne voilà-t-il pas que mon paradoxal patriote italien
se met à soutenir, avec une parole enthousiaste, une
éloquence lyrique, que *le brigand* est une poésie du
pays; et il ajoute, dans la sincérité de son âme, que la
disparition du brigand diminue le nombre des touristes,
enchantés de trouver en diligence, un roman, — à
raconter à leur retour.

Au Musée, « .a Sainte Cécile » de Raphaël. En voyant
ce tableau, toute mon enfance m'est revenue. J'ai revu
.tout à coup le livre de messe de ma mère, qui avait en
tête la méchante gravure en taille douce des paroissiens,
représentant la Sainte, qui lui avait donné son nom, et
je retrouvais, dans le souvenir de mes yeux, la douce
figure de ma mère, penchée sur le vieux maroquin
rouge du livre écorné, et me montrant l'image, que je
n'aimais pas plus, que je n'aime aujourd'hui le tableau
— et où je retrouve dans la vierge spirituelle du catho-
licisme, la beauté inexpressive de Cybèle, la beauté
la plus animale des déesses du paganisme.

Ce dimanche, il y a *festa di ballo*. — L'entrée coûte cinq baïoques. — Des gamins, aux yeux méchamment noirs, mendient sur l'escalier vos bouts de cigares. — Au contrôle, sont assis des gens portant des tricornes, de

grands tricornes, comme on en voit seulement chez les gendarmes automates, dans les assassinats des figures de cire.

La salle, une longue galerie, où est accroché en l'air un orchestre. — Aux fenêtres se balancent des draperies d'un rose groseille, aux effilés de faux or. — Des lustres et des appliques, portant des cierges d'église, éclairent la salle. — Des hommes en vestes rondes, en tromblons gris, sous de grands manteaux blanchâtres, se promènent en bandes.

Mais voici que l'orchestre commence à jouer, et des groupes de danseurs et de danseuses se forment, qui se mettent à faire le tour de la salle, en côtoyant les murs, ayant en

tête le maître du bal, en gilet blanc. A tous les cinq
pas, chaque couple se prend par les mains, va et vient
sur lui-même, s'écartant et se rapprochant, puis se
reprend par la main, remarche, et recommence à s'arrêter. Cette promenade, coupée par ces arrêts avec ba-
lancements, dure très longtemps.

Puis l'orchestre joue une valse stridente, où les cuivres déchirent l'air et les oreilles. Et alors un tournoiement fou de valseurs et de valseuses, où les femmes
passent leur mouchoir à leurs danseurs, pour que
ceux-ci, en leur entourant la taille ne salissent pas leurs
robes, — et qui valsent, ces valseurs, avec le bras
gauche, collé contre leur cuisse, comme s'il était para-
lysé. La valse va, va, s'emporte, et les robes se battent, se mêlent, entrent l'une dans l'autre, balayant
les murs, et comme elles sont ouvertes sur le côté,
dans le branle de la danse, le jupon montre un triangle,
pareil à un éventail blanc qui pendrait à la ceinture.
L'entraînement est tel, que des spectateurs, de gros
hommes obèses, aux gilets de futaine, se mettent à
tourner, tourner, tourner, mécaniquement et béatiquement, à la façon des marionnettes sur un orgue.

L'orchestre joue toujours sa valse sonore, *fanfarante*,
sa valse éternelle et sans repos, et les femmes, de petits
châles rouges dans le dos, une raie sur le côté, des
accroche-cœurs aux tempes, une touffe de cheveux

noirs sur l'œil gauche, la flamme du regard dans une cernure bistrée, leur donnant l'air de charbonnières assassines, semblent se dépouiller d'elles-mêmes, et s'abîmer dans la douceur du *vague à l'âme.* C'est comme si, en elles, ne vivait plus qu'un ressort pivotant. Leurs grands yeux ouverts s'hébètent et deviennent fixes, et leurs traits se déshumanisent de leur sauvagerie, sous une jouissance intraduisible, et qui a quelque chose de ce qui monte au visage des moribonds, quand commence le repos du néant.

PISTOJA

Aujourd'hui, 1ᵉʳ janvier 1856, à deux heures du matin, nous sommes partis, en pleine nuit, de Bologne, dans une diligence, éteignant ses lanternes à certains endroits, et nous avons roulé dans l'Apennin jusqu'à dix heures du soir, avec une affreuse peur des brigands, non toutefois par la crainte qu'ils nous assassinent — ils n'assassinent plus les gens qui ne se défendent pas, et nous n'avions aucune idée de nous défendre — mais, sous la terreur qu'ils nous laissent en chemise, et nous fassent voyager ainsi, pendant une douzaine d'heures, par le froid d'une nuit d'hiver, comme cela est arrivé aux voyageurs de la diligence dans laquelle nous sommes, il n'y a pas plus de quinze jours.

Nous couchons à Pistoja, et le lendemain, 2 janvier, nous sommes à Florence.

FLORENCE

Ville toute anglaise, où les palais sont presque du
triste noir de la ville de Londres, et où tout semble
sourire aux Anglais, et en première ligne le Moniteur
Toscan, qui ne s'occupe que des choses de la Grande-
Bretagne. Ville, où les trois quarts des rues sentent
mauvais, où les femmes ont sur la tête des paillassons
pour chapeaux, où l'Arno, quand il a de l'eau, a de
l'eau couleur café au lait, où les quais sont une exposition de *ritirate*, où la place ducale a l'air d'un débal-
lage d'antiquités, où il fait une humidité puante, laissant le corps sans ressort — une ville qui n'a pour elle
que le bon marché de la vie, et le merveilleux musée
des Uffizi.

Déjeuner chez Donnet, un café qui tient la place à Florence du café de Paris, chez nous. Là, une tasse de chocolat, avec un pain grillé et un rond de beurre, le déjeuner du pays, coûte un demi paul : cinq sous et demi.

Dans ce café, un type : le fleurisseur de la bouton-
nière des gens, le marchand de camélias.

Un glabre, à la figure chafouine, avec deux maigres
bouquets de poils de barbe, en forme de papillottes,
près des oreilles, le cou enveloppé d'un cache-nez sans
couleur, le corps dans le veston râpé d'un jockey anglais :
un être gris et mystérieux, vous faisant l'effet de l'eu-
nuque d'un sérail de fleurs, quand il vient à vous, un
bouquet de camélias blancs dans une main, et sous un
bras, un grand panier évasé, d'où se penchent en dehors
toutes les voluptueuses nuances de chair des camélias
carné, des camélias, comme éclaboussés de goutte-
lettes de sang de Vénus.

UFFIZI

André Riccio. — Dans sa peinture, le sentiment du
dessin byzantin et les procédés des mosaïques. Des yeux,
comme encastrés dans l'armature de plomb des vitraux,
le contour du nez semblable à la linéature tournante
et répétée du rivage d'une carte géographique, une
bouche qu'on dirait rougie de brique pilée, des chairs
aux tons sales d'une barbe de trois jours non faite, des
doigts pareils à des manches d'eustaches·

Andrea Orcagna. — Chez ce vieux maître, le passage

sensible de la ligne macabre de la peinture et de la mosaïque byzantine à la ligne naïve des primitifs, de la paralysie du mouvement au contournement, à la recherche de la grâce, et des carnations sales aux carnations couleur de pêche.

Cimabue. — Des personnages d'une longueur démesurée, d'une longueur pareille à celle des statues du portail de Chartres, aux cous torves, sous de toutes petites têtes, dans des draperies, qui ont le flottement sèchement découpé des draperies de bois. Et cependant déjà chez Cimabue, la tentative de rendre la coloration tendre des chairs, de mettre la caresse d'un sourire dans les yeux, dans la bouche, et d'apporter un calque de la vie dans son dessin.

Pietro di Lorenzo. — Paysage immense. Perspective sans fin de roches dressant, dans un ciel noirâtre, des pics jusqu'à une mer d'un vert dur et froid. Et les plates-formes, et les pentes, et les cavernes, et les anfractuosités de ces roches, sont toutes garnies de moines de toutes les couleurs, de moines noirs, de moines blancs, de moines gris, ainsi qu'une moinerie moinante, qui, en compagnie de toutes les bêtes, redevenues les bêtes sans dents du Paradis terrestre, aurait pris possession de ce coin de terre, d'où s'élève vers

Dieu, dans une perpétuelle extase, l'adoration des anachorètes.

On y voit priant, de saints vieillards vêtus seulement de leurs cheveux blancs, on y voit de jeunes moines, à cheval sur des cerfs, récitant des oraisons, ou lisant leur bréviaire, dans des chars traînés par des lions. Et ce sont sur le haut de ces falaises, deux ou trois arbres, pommés comme les arbres des boîtes de joujoux, où se trouvent des moines en prière, jusque sur les branches, ainsi que des stylites de la frondée. Et en bas, à côté de gentils oursons et de lapins très graves, à l'air convaincu de jeunes prosélytes, assis sur leur cul, un moine trait une biche.

Sur la mer du tableau — sans doute l'image du monde — une mer toute hérissée d'îles aux châteaux forts, et où les vents — sans doute les passions humaines — soufflent, avec des chevelures méduséennes une tempête, à travers laquelle on aperçoit une barque, où trois diables emportent une créature nue.

La mer est bordée, à droite, par un rivage couvert de pèlerins, au milieu desquels des moines pêchent, près de crocodiles verts, d'ours auxquels ils font donner la patte, de féroces de toutes sortes, flairant, sans y mordre, des cadavres nimbés.

Antonio Pollaiolo. — Un Michel-Ange miniaturiste, peignant finement et patiemment, sur une carte de

visite, les férocités de la Force, les brisements de reins
et de cervelles de la légende d'Hercule, vous montrant
la tête agonisante de Cacus, crachant sa vie, l'épine
dorsale, comme pétrie et fondue sous l'étreinte de
bronze de l'athlète héroïque, — en un mot, le peintre
des épopées musculaires, dans un format minuscule.

GIOTTO. — Avec le Giotto, le dessin échappe au cari-
catural de la forme, à l'effort à la fois maladroit et
tourmenté d'un art naissant, et dans le dessin, se fait
comme un apaisement, et le commencement de la
tranquillité sereine du Beau.

Les cous rentrent dans les épaules, les yeux s'ouvrent
placidement dans des contours noyés, le nez perd la
rigidité de bois de ses lignes, les bouches ne se dessinent plus dans une crispation douloureuse, et le naturel
des poses humaines est conquis. Giotto, c'est, on peut
le dire, le peintre de l'expression morale, qui s'est un
peu perdue, quand l'attention des peintres a été toute
portée sur la forme matérielle des individus.

Même le Giotto de l'ACADÉMIE DES BEAUX-ARTS fait un
peu cheminer la Vierge byzantine vers la massive
beauté de la maîtresse du Titien. Le peintre du treizième siècle s'essaye à rendre les solidités matérielles
du corps humain, et sous les plis tendrement mode-
leurs du linge, il laisse entrevoir les opulents seins de
la nourrice d'un Dieu. Et sa Vierge a d'immenses yeux

dans leur ombre recueillie, un nez charnu, une bouche épaisse, enfin les contours de la force et de la puissance, dans la belle santé d'une humanité réelle.

Simon Memmi. — Une « Annonciation ». Grande peinture dans les architectures romano-byzantines, égayée de carrelages aux mille couleurs : peinture toute riche, toute somptueuse, toute luxueuse d'étoffes, toute orientale, et comme meublée des présents des rois Mages.

Une Vierge, au bandeau d'orfèvrerie garni de pierres précieuses, à la robe d'azur, à demi retroussée sur sa cathèdre, la figure baissée, une main sur son cœur, l'autre tenant un livre, qui s'est refermé sur son pouce, dans une pose de modestie effarouchée, dans une reculade de pieux effroi, sa petite bouche contractée, presque chagrine. Devant, jaillissant d'un calice d'or, un lys tout chargé de fleurs, se dresse comme une barrière entre la Vierge et un ange, l'ange de l'Annonciation, vêtu d'une robe blanche aux tons changeants, et comme reflétée de lapis lazuli en ses légères ombres, et étincelante en sa lumière, d'une jonchée de fleurettes d'or, pareille à la dentelle aux petits fers d'une reliure, et qui fait comme un fourmillement d'or sur la neige. De la bouche de l'ange agenouillé se déroule, ainsi qu'en un phylactère, ces mots gaufrés sur le fond de la toile : « *Ave Maria, gratiâ plena, Dominus tecum* ».

Cet ange de l'Annonciation, un ange déconcertant,

presque satanique, avec ses ombres et ses demi-teintes, doucement verdâtres, dans des chairs veloutées du ton rose des pastels du dix-huitième siècle, avec son long cou de serpent, avec son regard, dont l'étroit filet blanc de l'œil, entre les deux lignes à demi fermées des paupières, luit comme l'acier d'une lame de couteau, — avec l'étrangeté de sa beauté perverse.

TEATRO DI BORGOGNISSANTI.

Des affiches attirantes comme celle-ci :

La sera di Mercoledì 23 gennajo
Si replica a richiesta
GRISELDA
ovvero
Virtù vince l'orgoglio
con Stenterello
gran titolato
Poscia pecorajo
E famoso suonator di zampogna.
Azione spettacolosa
Adorna di marce con trombe
Con caccia al naturale
e vari animali vivi
sulla scena [1]

1. THÉATRE BORGOGNISSANTI — Ce soir, mercredi 23 janvier, reprise à la demande générale, de GRISELDA *ou la Vertu triomphant de l'Orgueil*, avec Stenterello, grand seigneur, devenu berger, et fameux joueur de chalumeau. Pièce à grand spectacle, avec marches aux trompettes, et une chasse au naturel, où l'on voit sur la scène divers animaux vivants.

Une toile, qui représente une villa aux fontaines de marbre, où se voit Boccace disant un de ses contes, au milieu d'un Décaméron d'hommes et de femmes, ayant au dos le petit mantelet des personnages de Watteau, et dont les mandolines dorment à terre.

Un souffleur, dont l'habitacle a pour toit une vieille capote de cabriolet, hors de service.

Lorenzo Cannelli, le successeur du célèbre Amato Ricci, est le *stenterello* de l'endroit.

Stenterello n'est pas un type, n'est pas un homme : il est le gros bon sens, et l'opinion publique de la foire, sous le *facies* d'un rustre indépendant, dont la voix roule des éclats paphlagoniens, et les gros mots salés d'un carnaval aristophanesque. *Stenterello* représente la liberté du dire et du rire, réfugiée sur les tréteaux, insoucieuse des For-l'Évêque, et rebondissante de 48 heures de prison, plus joyeuse, plus gouailleuse, tolérée d'ailleurs par le grand-duc, comme la franchise irrespectueuse d'un Triboulet, qui, dans je ne sais quelle pièce, se permet de dire : « Nous sommes à Florence trois *stenterelli : primo Leopoldo, secondo...* »

Le répertoire ordinaire, autrefois composé de pièces tirées de Boccace, est aujourd'hui presque entièrement rempli par des pièces démocratiques, dans le genre des pièces de Félix Pyat.

Le soir, où nous sommes à ce spectacle, voici la pièce à laquelle nous assistons : *Un cenciajuo* (un chiffon

nier, — et la manière dont les chiffonniers chiffonnent

ici, la nuit, est particulière, ils ont une lanterne attachée à une longue ficelle, qu'ils balancent comme un

encensoir), — un *cenciajuolo* a une fille séduite par le fils d'un général, sorti du peuple, ainsi que nos généraux de l'Empire, et donnant les mains au mariage de son fils, avec la fille du chiffonnier. Mais comme à ce mariage la mère du jeune homme apporte une résistance d'aristocrate, le chiffonnier a l'adresse de découvrir de cette mère une correspondance adultère, qui la fait chasser, et le mariage a lieu en pleines tirades, à tout casser, contre la noblesse de naissance.

Caunelli, une grosse voix, un gros entrain, un gros rire, et un gros et bon comédien.

SAN MINIATO

Derrière soi, les toits bruns de Florence, sur lesquels dominent la tour carrée du Palais Ducal, et la coupole du Dôme, avec sur la gauche, un poudroiement dans lequel se voit un pâle soleil sur les eaux jaunes de l'Arno, se tordant comme un serpent boueux vers la villa Demidoff, aux serres miroitantes.

Devant soi, une montée en ligne droite, entre des cyprès, à travers une campagne bossuée, maigrement recouverte de la verdure grêle et grise des oliviers. Au delà, des rampes de terrains, qui ont bu le sang de l'armée de Catilina, et qui ont la couleur de bête fauve, que Salvator Rosa étale sous la mêlée de ses batailles.

Tout au fond, des montagnes noires, amoncelées les
unes contre les autres, détachant durement la tour-
mente de leurs lignes sur l'argent d'un ciel, où courent
de longs nuages déchiquetés, ayant l'air d'une cavalcade fantastique, aux sabots chevelus de chevaux
aériens.

Un paysage sévère, morose, austère. Et çà et là, le
blanc d'une villa éclatant, comme le blanc d'une carrière de marbre qu'on exploite, à côté d'une tache
sombre, qui est un petit bois de chênes verts, abritant
le *frigus opacum* de Virgile.

Les villas, ces blanches demeures, dans la noire verdure du *leccio* (chêne vert), font la riante ceinture de
Florence, et presque toutes ont une histoire.

C'est la villa CAREGGI, élevée par Cosme le Vieux, et
où fut ressuscitée la philosophie platonicienne, par Mar-
cille Ficin, installé là, par le vieux duc, en souvenir de
l'Académie de Platon, établie dans les jardins subur-
bains d'Athènes, pour assurer la tranquillité et le
travail de son philosophe, tout entouré, en ce palais
campagnard, de manuscrits grecs achetés à grands
frais.

Et cette royale protection, le grand Cosme mort, était
continuée à Ficin par Laurent le Magnifique, qui appelait
autour de lui Cristoforo Landini, Pico della Mirandola,

Giovanni Cavalcanti, Angelo Poliziano, le prince des

lettres grecques et latines : académie commentant
Platon, Jamblique, Proclus, dans les jardins de la

villa, et les petits sentiers des collines; académie, dont
les membres étaient au nombre des Muses, et où dans
un *convito platonico*, le rhétoricien Bernardo Nutti,
après la desserte de la table, ouvrait le *Convito d'Amore*
de Platon, et l'expliquait.

Et ce sont encore :

La villa Salviati, achetée par Mario et la Grisi, et
où l'on croit qu'ils ne sont jamais venus.

La villa Pazzi, une villa ressemblant à une forte-
resse, et où a eu lieu la fameuse conspiration.

La villa Palmieri, le long du torrent Mugnone, où,
pendant la peste de Florence, Boccace, réfugié dans
une compagnie de jeunes gens et de jolies femmes.
écrivait le *Décaméron*.

La villa, ou plutôt un ensemble de maisons appelé
« la Cure », également située sur le bord de la
Mugnone, où le Dante se retirait pendant ses souf-
frances.

La villa qu'on désignait sous le nom de Poggio impe-
riale, où sont les deux curieuses statues de l'Arno et
de l'Arbia tenant un vase, d'où tombe l'eau qui alimente
les viviers.

Enfin la villa Brunelleschi, aujourd'hui la villa
della Petraja, qui peut être considérée comme le
type de la villa florentine, en son aspect un peu rus-
tique.

Une grande maison aux volets verts, aux toits de

tuile, que surmonte une grosse tour carrée, aux serres

faites de paillassons, protégeant des camélias en arbres,

tout fleuris de couleurs tendres, au milieu d'un bois
de chênes verts, où pendent des lianes centenaires et
des sapins dressant leurs pyramides vertes, que le
soleil dore des tons de la vieille mousse.

Une seule chose là-dedans sentant l'habitation souveraine. Une fontaine du Tribolo, le fontainier artiste,
qui a fait presque toutes les fontaines des environs :
une fontaine de marbre blanc, veiné de rose, où des
amours, pliant sous des festons de fleurs, courent
autour de la vasque, et où tout en haut des sveltesses
coquettes du monument, élancé comme un mat enrubanné de sculptures, une Vénus debout, fait pleuvoir
dans le bassin les perles tombantes de ses cheveux de
bronze, qu'elle tord.

Et ces villas, ces frais endroits de repos et de plaisir,
ont pour ainsi dire une paroisse attitrée, la petite
église de Saint-Dominique, où, après une prière, les
élégants et les élégantes vont, de villa en villa, danser
et chanter.

UFFIZI

Filippo Lippi. — Dans Filippo Lippi, ce peintre à la
vie pleine d'aventures d'amour, un sentiment d'élégance qui va jusqu'au maniérisme, à la mignardise du

type, en un dessin, cependant brisé et ressautant d'un *goût gothique*.

Ce sont des fronts énormément bombés, aux tons de la nacre, des cheveux légers comme une poussière.

des paupières relevées sur un regard interrogateur, sur un chaste étonnement de l'œil, des nez, avec un petit méplat au bout, des bouches où la lèvre supérieure avance un peu, ainsi que dans une grave bouderie, des mentons pointus, et ce sont sur les blanches et transparentes chairs, des robes d'un vert ou d'un rouge passé de vieilles tapisseries, avec des flots de plis sur la poitrine.

Et ses têtes de vierge, Lippi ne les enveloppe plus de lourdes étoffes, mais de gazes tortillées, tuyautées, envolées, qui mettent de l'air autour des figures, et où la rougeur d'une petite oreille perce la transparence de ce voile à jour, descendant dans un arrangement coquet le long du col.

De Lippi, il faut encore voir à l'ACADÉMIE DES BEAUX-ARTS, cette tête de femme aux cheveux du blond pâle du chanvre, avec dedans des reflets violacés de la gorge de tourterelle, et tortillés et relevés, ces cheveux au-dessus des oreilles, dégageant les sveltes et élancées lignes du cou : cette femme aux carnations légèrement liliacées, et qui, dans ce doux effacement de la couleur réelle, dans cette espèce de dématérialisation spirituelle, n'a plus de la créature vivante que la vie du regard et le rouge amoureux de la bouche.

LORENZO DI CREDI. — Le peintre, par une fenêtre ouverte, a mis, autour du recueillement de la Vierge, la poésie des villes mystérieuses du moyen âge, crénelées, découpées, déchiquetées, repercées comme la crête du toit d'une châsse, et la lamentation des paysages tristes, des bois sombres sous les pics neigeux, des grands fleuves sans eau, roulant leur limon vers l'infini.

Botticelli. — Les maigreurs de la longue prière, de l'ascétisme, de la macération. Des corps, où le contour matériel, atténué, aminci, raffiné, pour ainsi dire, par les aspirations spirituelles, est sec, anguleux. Des chairs semblables aux fleurs fleurissant à l'ombre, des chairs exsangues, dont les ombres ont des transparences d'ambre. Avec cela, des attitudes rêveuses, songeuses, absentes de la terre, dans les étoffes vaguescentes aux plis cassés d'Albert Durer : des attitudes telles qu'on en trouve chez ces deux femmes de l'Académie des Beaux-Arts, où le tulle grisâtre courant dans leurs cheveux, a l'air de la cendre rapportée d'un mercredi des Cendres, et où le deuil des grandes draperies violettes, que leurs belles longues mains de cire ramènent autour d'elles, leur donne le caractère de deux figures allégoriques du Crépuscule.

Oh! les mystérieuses et troublantes figures de femmes, aux bouches nerveusement découpées, où se dessine une si énigmatique mélancolie du sourire, aux yeux qui sont un point noir dans le glauque cœruléen de la pupille: yeux qui ne sont plus l'œil d'un exemple d'un dessin, mais bien la fenêtre d'un cerveau ou d'un cœur.

Ce Botticelli, le maître d'une peinture un peu surnaturelle, et qu'on dirait chercher à fixer sur ses toiles, les imaginations fantastiques de la poésie allemande, et le maître de cette Vénus blonde, au bleu de

l'œil étrange, et qu'on ne retrouve plus en Italie, —
de cette Vénus jaillissant dans son tableau des UFFIZI,
comme une aurore boréale.

Ce tableau c'est une « Naissance de Vénus » où ce
n'est plus la Vénus brune de l'antiquité, mais une
Vénus qui paraît avoir pris naissance sur le Valpurgis :
le type de la femme blonde du Nord, avec ses cheveux
aux fils d'or, se déroulant autour de son corps blanc
posant sur une hanche, éclairé par une sorte de lumière
de clair de lune d'hiver, — et qui n'a gardé du paganisme mort que le pudique mouvement de la Vénus de
Médicis, une main devant son sein, une autre main
cachant avec une mèche de cheveux son sexe.

Et la Vénus de Botticelli se dessine, en sa nudité, dans
une tombée de lignes presque idéales, jusqu'à ses
pieds, reposant sur une large coquille A terre, une
servante enveloppée d'une étoffe blanche, au semis de
petites fleurs, pareil à un semis héraldique, tend un
manteau à la déesse, pendant que, dans le ciel, sont
suspendus deux petits dieux d'amour, dont l'un sème
de roses l'éther, dont l'autre laisse tomber de sa bouche
gonflée, un filet d'ambroisie sur les épaules de la
déesse : petits dieux ou anges, qui ont l'aspect, élégamment souffreteux, de beaux enfants anglais qui
seraient poitrinaires.

RAPHAEL. — « La Vierge au Chardonneret » de la

Tribune, la mieux vierge de toutes ses Vierges, et la meilleure de ses mères du Christ. « La Vierge de l'*Impennata* » et la « Vierge à la Chaise », les Vierges célèbres, connues, consacrées de Raphaël n'ont plus rien de *perruginesque*, plus rien de la transformation spirituelle, apportée dans la physionomie par le christianisme, à l'époque de l'effervescence de la Foi. Ces Vierges sont, dans une peinture toute matérielle, les portraits de la Mère des douleurs, de la Consolatrice des affligés, faits avec les proportions géométriques et le *canon* de la beauté marmoréenne de l'antiquité païenne.

Pietro di Cosima. — Étrange type de sainteté. Tête de femme, d'une pâleur dorée comme par une lumière de Rembrandt, sous des cheveux acajou, avec des yeux cerclés d'une cernée de bistre, qui les fait, sous l'abaissement de la paupière, à la fois profonds et étincelants, le nez petit, la bouche plus petite encore : — de la mignardise dans l'expression passionnée d'une tête exotique.

Luca Signorelli. — Vierge surveillant, de ses deux mains tendues, la marche trébuchante de l'enfant Jésus. Fond d'Arcadie, où paissent des chevaux, près de pasteurs soufflant dans des flûtes de roseaux. Un paysage

des Géorgiques, qui semble avoir pour devise : *En nova
progenies cœlo demittitur alto.*

Beccafumi. — Tête pâle et dorée, comme une tête de
morte, éclairée par une chandelle.

Federico Zucchero. — Des fêtes galantes et nues, bon-
dées d'hommes et de femmes, glorieux et glorieuses de
la beauté dissolue de leurs corps montrés sans voile,
dans un paysage tout plein des amours, de colombes,
de cygnes, d'oiseaux au bord d'un canal, où des
amours *manken-piss* sont debout sur la rive, leur petite
bedaine et le reste à l'air, au-dessus de l'eau.

Rubens. — Entrée de Henri IV à Paris. Toile toute
emplie des clameurs de la foule, des vivats jetés dans
l'air par les femmes et les enfants, des hennissements
des chevaux, des stridents flottements des drapeaux
neufs sur les arcs de triomphe, obombrant le ciel de
nuages de gloire; toile comme toute sonore d'un *Te
Deum* de fanfares par des sonneurs, dont les joues sont
prêtes à crever.

Le grand-duc qui règne à Florence aime son peuple,

comme peuvent seulement aimer leurs peuples, les petits souverains qui connaissent à peu près tous leurs sujets de nom ou de figure, et qu'ils regardent comme une intéressante collection d'individus, dont ils sont propriétaires; aussi a-t-il toujours, comme sur les lèvres, en face de son peuple : « Divertis-toi, je t'en supplie humblement! » et pour l'encourager en ses joies, on le voit mettre le feu à tous les feux d'artifice, chauffer de ses applaudissements toutes les pièces des théâtres populaires, et prendre la file au carnaval, avec ses carrosses dorés.

Et, aux mauvais jours, quand ce fleuve sans eau, qui a eu cependant, du douzième siècle au dix-huitième, 54 grandes inondations, et 24 petites, quand l'Arno fait mine de monter, on peut le voir, le premier levé de Florence, accompagné de son parapluie, examiner de la berge, d'un œil anxieux pour son peuple, la montée du fleuve de ses États.

Un souverain si peu absolu, ce Léopold II, que lorsque la danseuse Fuoco, ne faisait pas sa visite d'usage, pour solliciter sa présence au théâtre, où elle dansait, et tenait d'insolents propos, pour motiver cette abstention, il se contentait de dire : « Elle me boude, nous verrons qui cèdera! » — et il allait voir le stenterello de Borgognissanti.

Oh ! rien d'autoritaire en cette cour, où tout le temps d'une représentation, la souveraine le passait à cacher avec son éventail, une jeune personne, que l'héritier présomptif était accusé de regarder.

Et dans cette famille grand-ducale, la curieuse et bourgeoise histoire, que l'histoire de cette invitation à dîner de l'ambassadeur d'Angleterre, un vendredi, adressée à l'héritier présomptif : invitation qui amenait un conseil de famille, puis un conseil des ministres, où était agitée la proposition de corrompre le cuisinier de l'ambassade, pour en obtenir le menu du dîner.... Enfin l'héritier présomptif se risquait à la grâce de Dieu. Le dîner était gras, et l'héritier présomptif réduit à ne toucher qu'à deux plats, mais ce dîner faisait plus intimes les relations de la Toscane avec la Grande-Bretagne.

L'aimable sculpteur, l'habile modeleur, l'amusant faïencier que ce Luca della Robbia, l'auteur de ce beau bas-relief coloré, au-dessus d'une porte, dans le *Borgo Jacopo*, représentant une « Annonciation de la Vierge », d'un bleu, d'un violet, d'un jaune, si doucement harmonieux. Et c'est l'auteur de tant de médaillons d'une coquette sainteté, où des vierges, ressemblant à des anges, sans ailes, sont dans de longues robes, que l'attache d'un ruban fait ondoyer sur les seins, et qui filent en plis frippés, comme mouillés, jusqu'aux pieds, de petites harpes et de petits psalterions dans leurs mains, serrant contre leur poitrine les harmonies di-

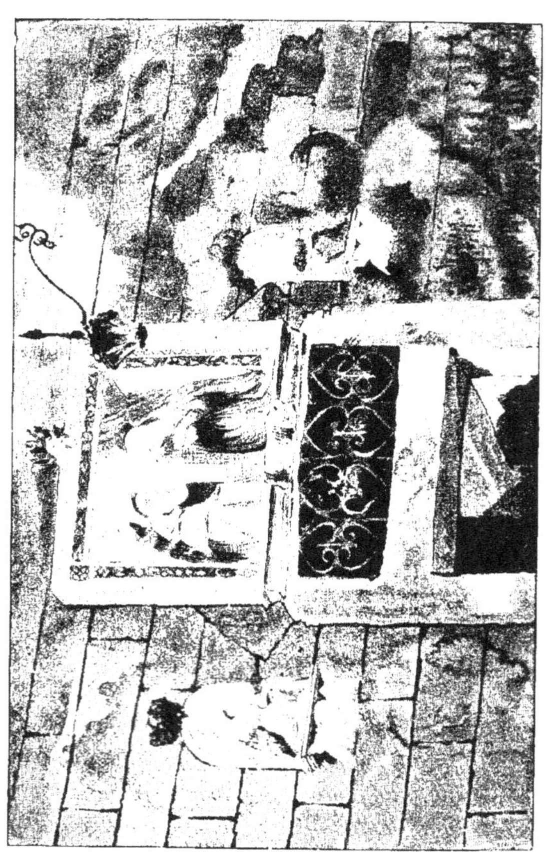

vines. la bouche ouverte, le sourire chantant, et sur

les lèvres le voltigement d'un hymne; ou bien ces vierges se penchent, la tête abaissée, pieusement recueillies sur les musiques qui s'envolent; ou bien encore, la tête au ciel, elles jettent en l'air la prière de leurs voix et de leurs luths mêlés ensemble — le sourire sensuel de Clodion dans les bouches, les regards pieux du Pérugin dans les yeux.

Mais laissons les faïences, et venons aux œuvres de Luca, dans la pierre et le marbre, où se montre un sentiment d'art plus élevé, peut-être moins industriel.

Voyez ces trois sonneurs de longues buccines, aux joues gonflées, comme des joues de Tritons rejetant l'eau de mer de leurs bouches. D'un élégant geste, deux garçonnets, appuyés aux sonneurs, les cheveux ramassés et noués sur le sommet de la tête, posant sur un pied, font de leurs bras juxtaposés un arceau, sous lequel se glisse, en se baissant, une ronde enfantine. Un enfant, à la chemisette attachée aux épaules et fendue sur les cuisses, rejeté en dehors par la rupture de la ronde, a la tête et le bras tendus en avant, pour retrouver la main d'un petit danseur, dont une jambe bat joyeusement l'air de son orteil retroussé, et qui laisse pendre derrière lui un bras cherchant la main tendue de l'autre, pour rentrer dans la ronde toujours recommençante.

Et encore des sculptures, où on les voit, ces enfants, les yeux plissés par un sourire malicieux, le dos carossé de la gaze d'une écharpe volante, leurs cheveux bouclés sous une couronne d'épis, courant la campagne, en se tenant par le petit doigt, tout en faisant sonner contre une oreille des cymbales retentissantes, qui mettent autour de la joie de leurs figures, comme des nimbes.

Mais voyez cette autre grande composition. Deux gras enfants, dans une espèce de tunique s'arrêtant aux genoux, ou plutôt dans une robe d'enfant de chœur, lisent ensemble debout, dans un livre, l'un la tête penchée, l'œil un peu anxieux de la leçon, et la ligne pleine du profil rondissant de l'œil au menton, la bouche entr'ouverte, insufflée du chant qui s'échappe de ses grosses lèvres, et de sa poitrine gonflée ; l'autre, la tête renversée, montrant les dessous charmus de figure, que Corrège affectionne dans ses *Annunziate*, a l'œil perdu et fuyant sous le relèvement de ses sourcils ; et derrière les deux enfants-chanteurs, cinq têtes de jeunes hommes regardent par-dessus l'épaule l'un de l'autre, présentant cinq expressions différentes de l'attention.

Ce motif : le plain-chant, Luca della Robbia y revient une seconde fois, et cette fois il lui a fourni une composition, qui est un chef-d'œuvre.

Ici, ce sont deux éphèbes, qui debout, sur une jambe un peu en retraite, tiennent dans leurs mains un large *volumen*, déployé à la hauteur de la poitrine, et de la main droite que chacun a posée sur l'autre, se

soutiennent et s'appuient. L'un de face, droit devant

lui, déchiffre la page ouverte, l'autre pour déchiffrer, tend et avance un peu sa tête de profil. Chez tous deux, les mêmes plis plaqués sur la poitrine, les mêmes retroussements de robes à la ceinture, le même ondoiement d'étoffe à l'antique, mourant comme une vague, sur le genou qui avance. Entre les deux têtes, au-dessus de la ligne croisée des deux bras, une troisième tête, la tête d'un troisième éphèbe dans l'enfoncement et l'effacement d'un second plan. A droite, la tête interrogeant le ciel d'un quatrième éphèbe, accoudé. Et des quatre bouches grandes ouvertes, il semble qu'en les regardant, on entend sortir la voix, les paroles, la prière d'un sonore plain-chant.

Je ne connais pas dans la sculpture un groupement qu'on puisse comparer au groupement des deux chanteurs, un concert de lignes jumelles aussi habilement contre-balancées, une composition d'une eurythmie si parfaite.

Puis voyez encore dans la chapelle, à laquelle on a donné le nom du sculpteur, voyez au-dessus du tombeau d'un cardinal, ce médaillon de la Vierge et de Jésus, dont le marbre blanc, lisse, poli, éclairé des luisants de la mère de Michel-Ange, se détache sur un fond bleu, voyez au plafond ces quatre anges à mi-corps, ornementation originale d'une voûte, qu'on voudrait voir encastrée sur un fond autre, que cet échiquier aux cases jaunes et noires.

Un des amoureux sculpteurs de l'enfance, ce Luca

della Robbia, — de l'enfance non potelée, non grassouillette de presque tous les maîtres, mais d'une enfance, où l'éphébisme, la formation de la puberté est en germe dans les contours d'une enfance, un peu parente de celle que peint André del Sarto. Et dans ces enfants sortis de dessous le ciseau de Luca, il est intéressant de constater l'hybride mariage du paganisme et du christianisme, et de voir en ces représentations religieuses de lutrins, l'animalité faunesque de ces chanteurs enfants, comme *catholicisée*, — et même ces rondes ont l'air d'être dansées par des Cupidons d'Anacréon baptisés, et leur enfantine bacchanale, de la bacchanale d'un saint jour de Pâques.

Oui vraiment, la pierre est triste à Florence. — Les revêtements du Dôme et du Campanile, sous l'influence du mauvais goût polychrome de la Renaissance, ressemblant aux boîtes indiennes, à leur géométrique marqueterie sur bois de santal; — des palais-forteresses, à l'aspect de geôles énormes, aux murailles massives trouées de rares et étroites fenêtres, et avec ces torchères extérieures pour l'attache des flambeaux de résine, surmontées d'un éventail de sabres ou de feuilles de cactus en fer, sur lesquelles la légende raconte qu'autrefois on piquait des têtes. Mais qui don-

nera l'explication de cette pierre de Florence qui, au
lieu d'avoir le ton doré des vieilles constructions des
villes du soleil, a le ton froid et triste d'une ville de
brouillard?

D'anciennes maisons, comme la maison de Bianca
Capello, encore plus lugubres que les palais : des
maisons à l'ornementation de la façade, appelée
sgrafita, où des figures et des arabesques, des sirènes et des cornes d'abondance fleuries, sont faites
de lignes creuses, qu'on remplit de noir, à l'imitation d'une gravure sur ivoire : de vraies maisons de-
mi-deuil.

Le Marché-Vieux, autour duquel dans le vieux passé
de Florence, se sont élevées les maisons des plus
illustres, des plus considérables familles de la ville, des
Tosinghi, des Nerli, des Amieri, des Torna Quinci, des
Arigucci, des Pegoletti, palais dans lesquels ces illustres Florentins, il faut le dire, vivaient frugalement et
économiquement de légumes et de fruits. Oh! en cette
ville, chez les grands, la chère était maigre. Le nouvel-
liste Franco Sacchetti donne un détail de cette frugalité,
quand il décrit le diner donné par le gonfalonier à un
célèbre médecin, consistant en un ventre de veau. de

starne (perdreaux), bouillis, des *sardelle* (sardines) *in umido*.

Les archives des grandes familles font preuve de la modicité des dépenses pour la bouche et l'estomac, et dans la nourriture florentine d'alors les confitures jouent le grand rôle.

Un jour, la seigneurie faisant un édit somptuaire contre les banquets et voulant donner l'exemple, déclare que la table de la Seigneurie ne pourra faire servir plus de deux onces de sucreries, et plus de trois onces, quand il y aura des étrangers. Et tout Florentin, quel qu'il fût, à moins qu'il n'eût du monde de dehors, ne pouvait, les jours maigres, avoir plus de deux plats de poissons, et les jours gras, plus de deux plats de viande, et s'il y avait plusieurs viandes dans le bouillon ou dans le rôti, elles devaient être servies sur un seul plat.

Et la collation du matin ne pouvait être composée que de *pinocchiato*, de *marmellata*, de *zucca confetta*, (gâteaux de pignons de pins avec confitures) ne dépassant pas deux onces par personne.

Du reste, cette parcimonie de la nourriture, qui existe encore un peu de l'autre côté des Alpes, était dans ce temps générale en Italie. Ricobaldo, qui écrivait au treizième siècle, termine l'histoire des Ferrare par un tableau de mœurs, dont je détache ces lignes :

« Le mari et la femme mangeaient au même plat,

sans assiettes, dont l'usage était encore ignoré. Un ou
deux gobelets suffisaient pour toute une maison. Ils
soupaient à la lumière d'une lampe, l'usage des chandelles et des bougies n'étant pas connu.... Quant à la
table, le peuple ne mangeait de la viande fraîche que
trois fois la semaine, il vivait à dîner d'herbes cuites,
avec cette viande que l'on mangeait froide à souper. Il
n'y avait que les plus riches qui buvaient du vin, en
été. On ne tenait en réserve dans les celliers et les gre-
niers que le plus étroit nécessaire. »

SANTA MARIA NOVELLA

L'église aux murs tout glorieux de peintures, aux
murs couverts de fresques d'Orcagna, de Paolo Uccelli,
de Taddeo Gaddi, de Ghirlandajo.

ORCAGNA. — Dans la fresque du vieil Orcagna, de
chaque côté de Jésus et de la Vierge, montent au ciel
des échelles sans fin, où sont étagés des saints et des
saintes, toute une population de personnages nimbés,
un monde dans lequel, de distance en distance, se tient
debout un ange sonnant de la trompette ou jouant du
violon : un maigre ange blanc, autour duquel court et
flotte un ruban bleu, et ce monde de saints et de

saintes a, comme les yeux clignotants devant le spectacle de la Splendeur divine, apparaissant dans le haut
de la toile. En bas, c'est l'enfer, où un diable de féerie,
à l'énorme mufle rouge, mange des damnés qui nagent
sur une mer de feu, et des bords de laquelle, des cen-
taures les percent de flèches et de lances, les renfonçant dans le liquide ardent : un enfer chrétien, où les
trois académies nues, portant un bouclier et une mas-
sue, jouent les trois juges des enfers païens.

Paolo Uccelli, qui a exposé aux Uffizi ce choc de che-
valerie au moyen âge, ce combat qui est le heurt simul-
tané de mille duels à l'arme blanche, cette aggloméra-
tion furieuse d'armures, de lances, de casques, où de
grandes plumes rouges et noires se balancent sur cette
mystérieuse mêlée masquée, sur ces faces d'hommes
voilés de fer, et au milieu desquels des chevaux, à la
croupe énorme, sont cabrés, ruant sur les cadavres, ou
perdant le pied dans le sang : un tableau qui a le mouvementé des colères de la guerre corps à corps, un
tableau dont s'est peut-être souvenu Eugène Delacroix,
dans sa Bataille de Nancy; — ce même Uccelli peignait,
dans le même temps, pour Santa Maria Novella, une
curieuse fresque : c'est le « Paradis terrestre » représenté par un verger plein de l'exubérant feuillage
d'orangers, de figuiers, de pommiers, tout rougissants
de fruits. Ici, Dieu tire de la côte d'Adam une Ève

qui sort de l'homme, les mains jointes, comme dans
le remerciement d'une prière. Là, Ève, dans le gracieux
hanchement du tableau du Guide, qui est à Dijon, tend
la pomme à Adam au moment où, entre eux, un long
serpent vert s'est enroulé autour de l'arbre de la
science : un serpent à tête de femme, les cheveux rejetés
derrière les oreilles, et non sans ressemblance avec les
sphinx femelles meublant les jardins du dix-huitième
siècle.

Mais le vrai grand peintre de cette église Santa Maria
Novella, c'est Taddeo Gaddi, qui a peint les fresques de
la chapelle des Espagnols.

Taddeo Gaddi. — Thomas d'Aquin, le moine noir,
tenant un livre ouvert, sur lequel est écrit : *Optavi, et
datus est mihi sensus, et invocavi, et venit in me spi-
ritus sapientiæ...* est entouré d'apôtres, d'évangélistes,
de prophètes, contournés dans le ramassement des
saints scribes, que l'on voit sur les miniatures des manuscrits.

En un rêve d'architecture gothique idéale, dans un
chœur ouvert sur le ciel, aux quatorze niches encadrées
de colonnettes torses de marbre rouge, couronnées
d'aigus clochetons et de feuillages de pierre, sont de
jeunes femmes souriantes, les allégories des Vertus et
des Sciences, vêtues de virginales couleurs, et sur
lesquelles viennent mourir des lumières assoupies,

ainsi que sur des corps qui les boiraient; — de la luminosité doucement gaie à l'œil, et qui a quelque chose de frais, de pareil à l'éclairement blanc de la floraison d'amandiers, dans un jour levant.

La première des Allégories, qui tient le monde dans sa main, est la Loi civile, ayant sous elle l'Empereur Justinien; la seconde, le Droit canonique avec le Pape Clément V, sous elle; la troisième, la Théologie spéculative avec Pierre, maître des sentences, sous elle; la quatrième, la Théologie pratique avec Severio Bocce, sous elle. Puis c'est la Foi, l'Espérance, la Charité, etc. Viennent ensuite les Allégories des Arts libéraux, avec sous l'Arithmétique, Pythagore; Euclide, sous la Géométrie; Ptolémée, sous l'Astrologie; Tubalcain, sous la Musique; Aristote, sous la Dialectique; Cicéron, sous la Rhétorique; Prisciani, sous la Grammaire.

Et aux pieds de Thomas d'Aquin, du divin maître de la théologie, les Empereurs, les Papes, les clefs de saint Pierre aux mains, les Évêques, sont assis et rangés dans cette salle du trône du Très Haut, où Jean Damascène, surmonté d'une croix, tient, d'une main, une flèche, de l'autre, un arc détendu.

Le sacre allègre de l'intelligence en l'ordonnance recueillie d'une représentation religieuse. Sous ces niches habitées par ces espèces de saintes, transformées en patronnes des Arts et des Sciences, et dont l'une tient un instrument de musique, l'autre un compas

d'architecte, et qui appellent la bénédiction du ciel sur
chacun de ces attributs, dont elles sont les divines porteuses, le Moyen Age fête, de sa grâce encore maigriote,
de ses épaules serrées, de ses tailles allongées jusqu'au
pubis, de ses corps anémiés par la prière et les dédains
de la vie d'ici-bas, fête, ce que l'homme tire de son
cerveau pour la parure et l'enjouement de cette vie —
et ces fresques sont une apothéose chrétienne du pinceau du peintre, du ciseau du sculpteur, de la plume de
l'écrivain, et comme une annonce, en avance de près
de deux siècles, du pontificat d'art de Léon X.

Oh ! l'original et l'étrange peintre, que ce Taddeo
Gaddi, en ses fresques de Santa Novella, de ses peintures des Uffizi ou de Santa Croce. Voyez ces morts
du Christ, où la croix s'élève sur un ciel d'une pourpre
assombrie jusqu'au noir, et où cette bizarre et déchi-
quetée vierge, à la robe couleur de *flamme vive*, selon
l'expression du Dante, a la main tendue en avant,
comme pour écarter le calice douloureux du spectacle ;
— Voyez ces théories de saintes et de martyres, dans
leurs longues robes, fleuries d'étoiles d'or, filant comme
une gaine pudique du cou aux pieds ; — ces files de guer-
riers, montés sur des chevaux pompeux, aux casques
où des oiseaux de fer battent des ailes ; — ces processions de Rois, les pieds nus, portant un petit morceau
de la vraie croix ; — ces terrains accidentés, ces sortes
de portes de fer de la nature, ces fleuves à l'eau ver-

dâtre, ces arbres fantastiquement ramifiés, ces cavernes, à l'entrée desquelles sont assis des lions : ces paysages d'une Bible dramatisée, terrorisante, avec les beautés de miniatures indiennes, et avec ces teints basanés, dans l'enveloppement des tons clairs d'étoffes tendres.

Ghirlandajo. — A côté de Taddeo Gaddi, dans les peintures du chœur de Santa Maria Novella, il est curieux de suivre, avec Ghirlandajo, l'évolution de la peinture sortie du cadre conventionnel et abstrait des tableaux primitifs, et appelant le spectacle de la nature dans ses compositions : peinture qui a l'air de venir du regard d'un contemporain, accoudé sur le rempart de la ville, un regard porté sur les choses d'en bas.

C'est l'entrée dans la peinture, des beautés matérielles de la femme et de ses humaines coquetteries ; l'entrée des gravités de vieillards, montrant les préoccupations mondaines d'intérêts terrestres ; l'entrée des tenues hautaines des jeunes éphèbes, au solide appuiement des torses sur les jambes. Ce sont les patriciens, au bonnet violet en forme de *corno*, au chaperon noir retombant sur l'épaule, au manteau de pourpre sombre, les mains, en un geste monacal, les mains dans leurs manches, croisées et entrées l'une dans l'autre, ou bien la main avançant sur la hanche, entre les deux plis de la tombée de leur manteau, la crevée blanche de leur coude en

saillie. Ce sont les femmes, dans leurs robes à taille
courte, dans leurs jupes de brocart à larges plis, toutes
raides d'or, les manches plates et
serrées avançant sur les mains,
qu'elles recouvrent presque.

Ainsi chez ce maître, l'action de
l'humanité est associée, mise à la
cantonade de l'histoire du Dieu-
homme, autrefois n'ayant pour té-
moins que deux ou trois personnages hiératiques ; et les tableaux
d'une anecdote de la foi sont de-
venus des tableaux historiques, où
les détails de la vie privée du temps
font irruption dans la légende céleste : tableaux peints sous une
telle domination de la réalité hu-
maine, que les anges descendus du ciel, marchent sur
la terre, presque avec des entrechats, et où la vierge
parade, comme une gentille dame, dans une cérémonie,
où elle se sent le régal des yeux.

Oui, chez Ghirlandajo, le naturisme d'une aristocratique humanité, choisie, triée, est montré dans le bel
ensemble de plis tranquilles, qui semblent les plis
retrouvés de la toge, et qu'embellit et illustre encore
la résurrection, autour d'elle, des beautés de l'art
antique, des morceaux d'arcs de triomphe, des statues,

des bas-reliefs, racontant les victoires de la vieille Rome,

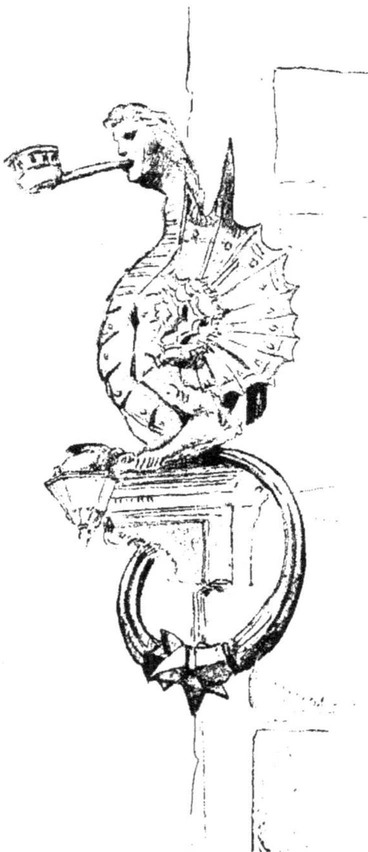

ainsi que dans les futures écoles d'A-thènes, et des colonnes tronquées et des cénotaphes ruinés, dont Ghirlandajo, dans la Crèche, fera la mangeoire de l'âne et du bœuf, le berceau de l'enfant Jésus, — lavé à grandes eaux de la fange d'une basse maternité.

Là, devant ces peintures de Ghirlandajo, on se rend bien compte de la dissemblance des peintures italienne et flamande de ce temps : dissemblance résultant de toutes les différences produites par le climat, le gouvernement, la vie sociale de ces deux peuples.

La peinture flamande, une peinture de triptyque de chapelle, une peinture à la destination d'honnêtes et de petites gens, de bourgeois vivant dans l'ombre d'intérieurs resserrés, une peinture parant Dieu, la Vierge et les Saints de son mieux, par la représentation des étoffes les plus chères, par la couleur la plus riche, mais ne songeant pas à leur donner un festival, un *concerto*, à les entourer d'une cour de courtisans, agenouillant tout au plus, au bas de ses panneaux et de ses toiles, une famille, les mains jointes, tandis que la peinture italienne conseillée par le soleil, sous lequel son peuple vit dans la rue ou la campagne, exaltée par le jaillissement, hors de son sol, presque sans fouilles, de ces tronçons d'art antique, qui vont faire l'art de la Renaissance. encouragée au luxe des spectacles fastueux par les fêtes de

ses patriciens, est lancée, dès ses débuts. par la richesse de ses petites républiques, à la prise de possession de chapelles entières, de toute la surface des murs d'une basilique.

En ce pays de ferronnerie artistique garnissant les angles des palais, de torchères faites par des chimères ou des êtres fantastiques, sous lesquelles d'ordinaire est un anneau admirablement travaillé, l'anneau où s'attachaient les mules des visiteurs, le souvenir s'est conservé d'un célèbre ouvrier en fer, de Niccolò Grosso Caparra, qui fit les magnifiques ferrures du palais Strozzi.

Un original artiste, qui n'entendait faire crédit à personne, quelque puissante que cette personne fût, et voulait de suite la *caparra* (le dépôt de l'argent), d'où le nom lui avait été donné par Laurent de Médicis, allant lui faire une commande lui-même, et ne pouvant obtenir qu'il abandonnât un travail, qu'il avait commencé pour de petites gens, mais qui l'avaient payé d'avance.

Il avait fait appliquer sur sa boutique une enseigne, où l'on voyait des livres qui brûlaient, et quand quelqu'un lui demandait du temps pour le payer, il lui répondait, en montrant son enseigne : « Ça m'est impossible, vous voyez, mes livres sont brûlés, *non posso più iscrivere debitori* (je ne peux plus inscrire de débiteurs).

En qualité de catholique fervent, il ne voulut jamais travailler pour les juifs, disant que leur argent était fratricide et *putivano*, et en dépit de son amour de l'argent, il ne consentit jamais à quitter Florence, quelques magnifiques offres que lui firent les autres villes d'Italie.

BALS DE LA COUR

Un grand salon blanc. Deux immenses ifs de lumière s'élevant contre le mur du fond, où courent des guirlandes de fleurs. L'orchestre dans trois travées. De vieux et gras domestiques, aux têtes d'empereurs romains de la décadence, avec une perruque, retroussée par derrière en une queue de Janot, et des gardes du corps, dans des culottes de peau, sous de magnifiques habits rouges.

A droite et à gauche se pressent et s'entassent les personnes qui doivent être présentées : groupes à tout moment traversés par les ambassadeurs, à la recherche de leurs nationaux, et guidés par leurs chanceliers, comme des aveugles guidés par un caniche.

Le grand-duc entre, puis la grande-duchesse, puis la duchesse douairière, puis le duc héréditaire.

Le grand-duc est poivre et sel, et a l'air d'un vieux général autrichien; il scrute les gens du regard, grimace, comme affecté désagréablement de leur présence, et se dérobe à leur curiosité, derrière sa femme.

La grande-duchesse est une forte femme, au front court, au nez droit, à la coloration sanguine, une Junon bourbonienne.

Le prince héréditaire, qui a vingt et un ans, est le portrait de sa mère, avec du ventre.

La duchesse douairière ressemble à un camée antique, à une Agrippine, qui serait une fée bienfaisante.

L'ambassadeur, le plus vieux en date, commence à présenter ses nationaux au grand-duc, à la grande-duchesse, à la duchesse douairière, au duc héréditaire, et pour eux commence le martyre de trouver un mot, une phrase, une banalité quelconque à l'endroit de ces visages tout neufs, que, la plupart du temps, ils ne revoient jamais. A quoi comme réponse, c'est l'éternelle et immuable réplique : « Florence, oui, c'est la capitale des Arts ! »

Une cour bourgeoise, familière, où il n'y a pas d'étiquette, si ce n'est que le duc héréditaire fait un tour de valse, avant les autres couples, et qu'on se lève, lorsque passe devant vous, une personne de la famille ducale.

Par exemple, dans cette cour bourgeoise, un buffet de bal, comme il n'y en a dans aucune cour de l'Europe : un buffet, un buisson de camélias, dans lequel est exposée et semée l'argenterie du grand-duc.

Or, sait-on que cette argenterie se compose de quarante-quatre coupes en vermeil, dont dix-huit sont de Cellini et le reste de son école ; d'une grande nielle de Polaiolo, représentant la Vierge, entourée de petites nielles de Finiguerra ; de deux immenses plats en ver-

meil, plats servant autrefois à poser les aiguières pour
le lavage des mains, l'un représentant : « Orphée charmant les animaux », l'autre, « l'Enlèvement de Proserpine; » et encore de Cellini, une bouteille de chasse,
aux émaux couleur de rubis et vert de myrte.

Cette argenterie a pour accompagnement des am-
phores de Faenza, aux anses formées de deux serpents
entrelacés, d'où l'on verse à la soif de ce monde —
inaltérable comme une soif de peuple — une distribu-
tion de vin de Champagne, de Bourgogne, de Bordeaux,
de Johannisberg.

Dans ce salon cosmopolite, dans ce salon, le rendez-
vous de la blonde Anglaise, de la brune Américaine, de
la noire Italienne, avec leurs beautés et leurs toilettes
diverses, le voluptueux spectacle, que ces valses, où
tout ce qui est frais à l'œil, où tout ce qui rit dans la
gamme tendre du ton, crème, rose, bleu, mauve : les
dentelles, les nœuds de rubans, les pompons, les volants,
ondoient et papillonnent devant vous, où se fait un incessant et tressaillant kaléidoscope de toutes les couleurs du satin, sur lesquels ruisselle et cascade la lumière, de toutes les transparences du tulle et de la
mousseline, baisant les formes juvéniles, comme un
nuage amoureux, et où avec leurs voltes, leurs ondula-
tions, leurs retroussements, leurs fuites, leurs froisse-
ments, leurs heurts, c'est la mêlée, la bataille de fête
des jupes enivrées de danse, avec en bas, le glissage

tournant des souliers de satin blanc, avec, en haut, les milliers de feux des pendants d'oreilles, des rivières, des aigrettes — l'orchestre, comme d'un souffle, soulevant légèrement les valseuses, pliant les tailles, arrondissant les bras, déliant les corps, remuant les cous, tels que de frêles tiges de fleurs.

En ce tournoiement, où passe et repasse, trémolante, la chair des corsages de la femme, toute vibrante de musique, et laiteusement irradiée et comme opalisée par la lueur douce des bougies, où passent et repassent ces épaules, ainsi que deux ailes blanchement roses repliées, montrant leur marbre douillet, et ces seins attaquant le regard et s'y dérobant, à l'image d'une vague montante qui lèche le sable et se sauve; en ce tournoiement, les yeux vont à la comtesse Cavoni, splendidement blonde, splendidement blanche, splendidement rose, une princesse de Rubens délicatifiée, dématérialisée; les yeux vont à un étrange type, à une femme blanche, dont la blancheur singulière semble une blancheur, vue sous un lit d'eau de mer, une femme couronnée par un énorme diadème de cheveux, aile de corbeau, divisés en deux bandeaux bouffants, éclairés par des grappes de diamants, avec des sourcils remontés sataniquement sur des yeux aux prunelles dilatées de velours noir, et avec une grande bouche entr'ouverte : une créature évoquant à la fois l'idée de Circé et d'une goule.

Et cet élégant et aristocratique monde féminin, a
l'entour, a le cadre de gens décorés, comme je n'en ai
vu nulle part, et dont les croix et les brochettes font
le plus joli carillon de la vanité humaine, sur leurs
poitrines de généraux inconnus de toutes les nations, et
qui semblent avoir mis au pillage les boutiques de
décorations du Palais Royal, et *sont
crachatés* jusqu'aux aines, et d'une
épaule à l'autre, ou bien, aux cous
de tous ces jeunes gens, cravatés de
rouge, comme des commandeurs
de la Légion d'honneur, et qui sont
de simples baillis de Saint-Étienne,
des propriétaires d'une ferme de
200.000 francs, laissée par acte, à
leur mort, à l'ordre de Saint-

Étienne, en l'absence d'héritiers directs ou de telles
personnes désignées...

Oh! mais, parmi ces porteurs de quincaillerie, cet
homme à la vieille peau tannée, aux poches sous les
yeux, aux longues dents déchaussées, pareilles à des
touches de piano, au mauvais rire d'un polichinelle
vampire, et qui porte à une jambe boitaillante l'ordre
de la Jarretière, et au-dessous d'une pomme d'Adam
décharnée, je crois bien l'ordre de la Toison-d'Or, n'est-
ce pas lord Normanby?

SANTA CROCE

Le Westminster de la Toscane, où se trouve ce tombeau d'une étrange originalité : Un hibou sur une tige de rosier dorée.

Là, le Giotto a peint une fresque, une fresque sortant de sa manière, et au delà de son talent de tous les jours. Dans cette fresque représentant la « Mort de saint François » : le Saint étendu mort, la tête auréolée, son autre *moi*, son moi immortel et radieux, est emporté au ciel par quatre anges, pendant que les moines chantant l'Office des morts, se pressent autour du cadavre, en des attitudes étonnées, et que dans l'entre bâillement des yeux du Saint, on aperçoit un regard de survie, dans sa bouche un pâle sourire, un rictus de ravissement, et dans ce corps quitté par la vie, — l'envolée encore apparente d'une âme.

Oui, en ce temps de Carnaval, j'ai vu cela, qu'on n'a jamais pu voir qu'en Italie ! Dans un champ des environs de Florence, un paysan poussait la charrue, costumé en pierrot !

PALAIS PITTI

Pérugin. — Une Madeleine, au petit front bossué, aux sourcils ténus, plantés haut, — ce qui donne à l'œil de la sérénité, — à la prunelle d'un brun marron dans un blanc très pur, le regard sans l'estompe des cils, et un nez court allant s'amincissant au bout, et des narines étroites mais ouvertes et détachées, et une bouche, à l'avance mélancolique de la lèvre inférieure.

Pérugin a là un autre tableau, un « Ensevelissement du Christ », où une Vierge, au cou frêle et gracile, a la tête sur une épaule, pose qui fait la tête pensive.

Ce sont les mêmes traits, tout minces et tout fins, dans un ovale rond et plein, dont les contours à force d'être caressés, atténués, réduits par le pinceau, semblent prendre un raccourci enfantin; et de ce même œil au blanc lumineux de la Madeleine, et qui n'a comme sourcils, pour ainsi dire, qu'une courbure arquée, et qui n'est pas voilé par l'ombre des cils, part un regard sans objet, perdu devant lui, planant sur des

choses de la terre, mais ne s'y attachant pas, allant au
delà : le regard du recueillement de la douleur, en-
dormi tout ouvert.

Lelio di Novellara. — Les fonds roux, et comme
poncés de Rembrandt, mouvementés de montagnes,
légèrement azurées à la Breughel, quelque chose
comme si, d'un Salvator aux terrains brûlés, se le-
vaient les cimes de glaciers, que le Vinci affectionne
pour ses lointains.

Michel-Ange. — « Les Parques », coloris livide, dans
lequel le dessin sèchement anatomique de Verocchio ne
laisse jaillir aucune audace du violent sculpteur.

Titien. — Un portrait de femme d'une beauté opu-
lente, aux épais sourcils, aux grands yeux noirs, aux
cheveux crespelés et reflétés de carmin, et dont une
mèche vient mourir, à droite sur le cou : un portrait
dans la douce gamme de la pâle chair du visage italien
avec ses pommettes brillantes.

Sous deux doigts de dentelle, sa puissante gorge à la
blancheur mate, se montre dans l'ouverture d'une robe
de brocard bleu, passequillé de velours noir, agrémenté

de grappes d'or, et où sur les manches bouffantes de
velours violet, courent, parmi des crevés blancs, des
arabesques de filigrane.

Là, et mieux encore dans « La Flore », la magique
peinture de l'épiderme de la femme, de la délicatesse
de ses tons impossibles, rendue avec la coloration de
couleurs qui semblent ne pas devoir se trouver sur une
palette. Car de la peau de la femme, Titien a rendu, et
le laiteux et la matité et les luisants de marbre, comme
sortis de dessous une strygille, et le rayonnement des
pores semblant chacun tenir un mica de lumière, —
enfin l'espèce de doux allumement de la voluptueuse
enveloppe de la vie féminine, sous le plein soleil.

MANETTI. — Un curieux et drolatique tableau, que la
« Réunion des *sposi*. »

Dans l'ombre, au premier plan, la joue comme cer-
clée d'une faucille de lumière, la joue d'une femme
tendant l'oreille à la parole d'un jeune homme, en un
tendre duo, et au-dessus, trois groupes s'étageant dans
une sorte d'échelle d'amour.

Le premier groupe se compose d'un cavalier, au
feutre garni d'une plume blanche, dans un ample
manteau fleuri d'or, les jambes nues enfermées dans
une guêtre héroïque, à la façon romaine, et penché sur
l'haleine d'une grasse donzelle, la gorge au vent sortant
d'une robe de brocart, un diadème d'orfèvrerie sur la

tête, à face épanouie dans une joie jordanesque, et la main dans la main de ce cavalier, qui lui montre une pile de morions, de brassards, de cuissards, avec le geste du renoncement d'un Hercule implorant des fuseaux.

Dans le second groupe, c'est encore une entripaillée, sous un camail noir aux revers rouges, la tête un peu retirée en arrière, en une molle défense contre la tentative du baiser.

Dans le haut, enfin, c'est un troisième couple, un peu plus intimement accouplé, perdu dans la nuit.

Et pour éclairer ces trois scènes amoureuses, un petit Cupidon porte-torche, au large rire, dans un vestinquin bleu aux crevés de pourpre.

Allori. — Judith. — le type peint de l'assassine d'Holopherne, consacré par la gravure. — une femme aux épais sourcils, aux yeux immenses, ombrés de longs cils, aux lèvres rouges d'un riche sang, une héroïne vigoureusement sensuelle.

On sait que cette Judith, c'est la Marzaffirra, la maitresse d'Allori, que la vieille suivante qui tient le sac, est la mère de sa maitresse, — et que dans ce tableau, lui-même s'est peint sous les traits d'Holopherne décapité.

Rubens. — Deux grands paysages qui sont l'inspiration de ce feuillé, baignant dans l'huile grasse, de

« l'Embarquement de Cythère » du Watteau qui est au
Louvre.

André del Sarto. — Mais j'allais oublier dans ce
Musée Pitti, ce grand maître, ce premier dessinateur de
la physionomie moderne, qui s'y est représenté dans le
même cadre que sa femme — sa femme, une peinture,
traitée avec un souvenir des *fières couleurs* du Gior-
gione, et où, en une teinte générale chaudement ambrée, apparaît une figure longue, au nez droit, aux
yeux lumineux sous de lourdes paupières, aux épais
bandeaux bouffants d'une chevelure d'un roux violacé.

Oh! chez cet artiste, le merveilleux estompage de la
brosse, qui, en une belle et savante fonte, laisse indi-
qués, comme dans des chairs doucement pastellées,
tous les plans d'une figure. Pour les hommes, André del
Sarto affectionne un type : la tête un peu courte, le front
bas, mais large, et où se dessinent en relief les fron-
taux, les yeux écartés, les pommettes saillantes, le nez
droit aux narines évasées, le menton de galoche, l'ovale
musculeux et ramassé et tout plein de méplats, le type
de l'énergie, de la volonté entêtée du martyr ou du révolutionnaire de l'idée, dans une charpente plutôt nerveuse qu'herculéenne. Et d'ordinaire c'est sur le front
de ce type qu'il met toute sa lumière, glissant des bos-
ses frontales au bout de la ligne droite du nez, laissant
le bas de la figure dans la pénombre.

Ce type, on en rencontre un superbe modèle dans le portrait des Uffizi — ce portrait, qui n'est pas le portrait d'André del Sarto, mais d'un ami inconnu — le portrait sous une toque noire, recouvrant une tête de penseur, dans sa construction carrée, et où la résolution se lit dans la profondeur de l'œil, dans la fermeture de la bouche : toile à l'étonnant modelage des plans de la figure, qui fait, pour ainsi dire, une sculpture peinte de la boîte de la pensée.

Puis un des premiers, André del Sarto a sorti l'enfant de l'ankylose byzantine, lui a donné la mobilité remueuse des premières années, a mis, d'une manière presque visible, dans ses membres inférieurs, les envies de la marche et de la circulation, a mouvementé son petit corps par les écarts gaminants des bras et des jambes, le montre, en ses talonnants grimpements, sur le corps divin de sa mère, et même apporte de la jolie humanité enfantine, en cette tête du *bambino*, qui n'est plus le poupard frisé de Raphaël, ou le crapaud fœtal du Corrège.

Enfin, chez André del Sarto, le sentiment chrétien s'est émancipé de l'ascétisme. La piété, en ses toiles, ne montre plus l'absorption physionomique de la foi aveugle, et ses douleurs religieuses sont presque mondaines, ainsi qu'on peut le voir dans sa « Descente de Croix » chez ces deux femmes au coquet affaissement du corps, aux yeux gentiment larmoyants, aux bouches gonflées de paroles, dont elles soulagent leur chagrin bavard.

L'amour du Dante pour la Béatrice Portinari a fait naître un genre de poésie inconnue des Grecs et des Latins : une sorte de cantique laïque sur la divinité de l'amour, dont on ne trouve aucune trace dans Anacréon, Properce, Catulle.

Ils vont, ils vont, ils vont, les pantalons passant sous les dominos de calicot glacé! ils vont dans un jupon, une camisole par-dessus, complétant le travestissement! — parfois, rien qu'un soleil de papier doré dans le dos, faisant un turc; et ils sont masqués, et ils tiennent la barbe de leurs masques, avec de vieux gants blancs qui ont fait des chaussures, et ils brandissent de petits fouets et des cravaches.

Ils vont, ils vont... puis ils reviennent, repassent devant vous, toujours sautant, gambadant, se trémoussant. L'esprit, la saillie, le rire du mot, une langue en joie, le fouaillement des gens avec un rude bouquet d'orties : l'engueulement enfin, ils l'ont remplacé par un sempiternel *hou! hou!* — qui agace comme un gloussement de châtré, et dont dix mille gosiers fatiguent l'écho de la rue des *Calzaioli*.

Tout un peuple mis dans une gaieté en enfance, par
un baladement bête dans les rues, par l'imitation de
la pratique faussée d'un polichinelle : tout un peuple
ne trouvant dans la fièvre de sa folie carnavalesque,
pour repartie spirituelle, qu'un coup de son petit fouet
ou d'une cuiller à pot sur un gibus.

Là-dessus, le soir, les fameux *Veglioni*, dans les
salles de théâtre, illuminées *a giorno*, les *Veglioni*,
aux rafraichissements ne dépassant pas, en monnaie
du pays, la somme de sept sous, aux danses honnêtes,
aux réunions de ménages emmenant les tout petits :
bals aux incidents anodins, comme le spectacle de deux
masques se soufflant en mesure dans le nez, comme
l'extraordinaire libéralité d'un verre de marsala, offert
par un des beaux de la loge aristocratique à une femme,
un moment suspendue à la rampe de la loge; bals sans
roman, sans intrigue, sans blessures à l'honneur des
maris, bals où les femmes du monde qui ont perdu
leurs cavaliers ne sont pas tutoyées par des mains mas-
culines, où le papier des loges ne rougit pas de confu-
sion, où l'unique sergent de ville suffisant à l'inspec-
tion des pas risqués, est le ministre de la police en personne, et où j'ai entendu de mes oreilles cette phrase :
« Albertine, fais donc danser ton frère! »

Le Carnaval de Florence, c'est une fête nationale de
la famille, une réjouissance morale ayant l'innocence
de ces divertissements d'enfants qui ont été bien sages,

et à qui l'on permet de se déguiser avec des serviettes, des torchons de cuisine.

A côté de ce bal de la *Pergola*, mon Dieu, notre bal de l'Opéra : cette Bourse de la fille, cette fortune de Verdier, cette rente de Ricord !

Oh ! mon peuple parisien, mon grand peuple excessif, toi qui pousses la danse jusqu'à l'épilepsie, le souper jusqu'à la saoulerie et au mal de mer, l'amour jusqu'à la v..., que dirais-tu de ces bonnes gens, qui s'amusent à s'amuser vertueusement, qui exécutent des solos de la pastourelle sans se démancher le torse, qui cassent une pauvre croûte dans une loge... et se couchent sans voir leur chambre danser !

Le sentiment de vie aimante, d'animation tendre, de caresse de la main, existe avant le Vinci. Chez le Verocchio, son maître, et dans quelques sculptures postérieures, on trouve des mains sentimentales, des mains maigres admirablement effilées, des mains, mères des mains dessinées par Watteau, et dont Raphaël interrompit la chaîne, par ses belles mains bêtes, aux doigts en académiques fuseaux.

Deux emplacements d'illustres boutiques, qu'on vous montre : la boutique de Maso Finiguerra, l'inventeur de la gravure; la boutique de Burchiello, l'inventeur

de la poésie *burchiellesca* (burlesque). L'authenticité
de l'emplacement de cette dernière boutique est-elle
bien authentique? car, je crois qu'on n'a pour le
retrouver rien que le dessin qui est à la Galerie
Ducale, sous son portrait, et qui représente deux
chambres, l'une *ove si fa la barba*, l'autre, où le poète
est représenté jouant de la guitare, tout en mangeant.

Ce poète-barbier, *matricolato* en 1408, dans le peuple
de Santa-Maria Novella, à l'époque où la barbe était
encore très respectée en Italie et fort peu touchée par
le rasoir, vécut fort pauvre, mais tout pauvre diable
qu'il était, sa boutique était le rendez-vous de tous les
grands et gais esprits du temps : Acquetino da Prato,
le prêtre Roselli d'Arezzo, Davanzati, le philosophe,
le peintre, le sculpteur, Battista Alberti.

Vraiment, ces jours-ci, c'était un amusant et élégant
spectacle, que celui du va-et-vient dans le Corso, de
ces équipages à la crinière des chevaux nattés avec
des camélias, et traînant derrière eux les derniers
et les plus beaux modèles de chasseurs que l'Europe
possède, le va-et-vient des équipages de riches Amé-
ricains, d'illustres Russes, de très charmantes Florentines : des équipages attelés à la Daumont avec deux
postillons, des équipages de banquiers aux domestiques
galonnés, comme les domestiques des pièces de Molière,
et plus dorés et plus surdorés que les autres, de vrais

équipages de l'Elixir d'Amour, — de l'équipage à la livrée marron, galonnée d'or, de la princesse douairière Poniatowska, — de l'équipage à la livrée rouge, de la duchesse Strozzi, — de l'équipage à la livrée amarante, du comte de la Gherardesca, — de l'équipage à la livrée de velours bleu et argent, du comte Alberti, — de l'équipage à la livrée noire aux petits boutons d'or et aux glands d'argent, du comte Poniatowski : équipages mêlés aux rapides tape-culs du pays, avec leurs petits chevaux, leurs harnais carillonnants, leur montoir de cuivre étincelant, leur tapis rouge qui chatoie au soleil.

Mais parmi tous ces équipages, il fallait voir, dans son attirail antique, son luxe de vieilles dorures, l'équipage de gala du grand-duc et ses six chevaux, son timon et ses roues rouges, sa caisse vert foncé aux arabesques d'or, son groupe des trois Grâces sur la portière, son siège de velours bleu de ciel à triple frange d'argent, son intérieur bleu foncé avec ses rideaux jaunes, et la crinière des chevaux tressée de soie verte et jaune, et leurs panaches de même couleur, et la livrée au fond noir, disparaissant complètement sous des galons en échiquier à cases rouges, blanches et roses : — un équipage qui était comme une sortie d'écurie du siècle passé.

Ah! l'admirable collection de dessins que celle des Uffizi, cette miraculeuse réunion de vieilles feuilles de

papier, dont quelques-unes ont cinq cents ans, et qui,
sur le blanc jauni et délité du papier, ont gardé des
premiers maîtres de la peinture, les confidences intimes
de leur art, pour ainsi dire, un fragment de journal
des visions de leurs journées, — et parfois la première
idée, ou, comme on disait alors, la *pensée* spontanée,
impromptue d'une de leurs grandes compositions,
jetée d'un crayon ou d'un pinceau courants.

C'est de Masolino di Panicale, des études de gens
assis ou debout, dans leur costume du temps, à la
pierre d'Italie, avec des rehauts carrés de blanc sur
du papier jaune ou rose; — de Donatello, des études
puissantes, *féroces*, d'aigles à la plume; — de Maso
Finiguerra, des croquis de la vie bourgeoise : un brave
homme qui écrit sur ses genoux, un autre qui noue
ses souliers sur un banc, un autre qui dort les bras
croisés, des lavis sur trait de plume; — de Filippo
Lippi, la première idée, la *macchia* de son tableau
de la Vierge, sur un papier jaune qui semble avoir
été huilé, et où la pierre d'Italie ne laisse, pour ainsi
dire, pas de noir, et sur le fond des lavis légers et
des rehauts de blanc seulement dans la coiffe de la
Vierge; et encore de Felippo Lippi, de petits gribouil-
lages de plume, spirituels comme des Gabriel de Saint-
Aubin; — de Botticelli, des femmes drapées à l'antique
et des anatomies savantes, un peu longuettes, exécutées
tantôt au lavis sur trait de plume, tantôt au crayon

noir, avec rehauts de blanc sur papier jaune; — de
Fra Angelico da Fiesole, de petits dessins sur parchemin ou sur papier, des lavis très menus, accentués de
timides coups de plume, où se retrouve toute la
finesse des peintures du maitre, en ces têtes à peine
visibles comme de miniatures décolorées et perdues par
le temps: — de Ghirlandajo, de grandes et savantes
études de têtes à la pierre d'Italie, à peine frottée, à
peine appuyée, avec d'insensibles rehauts de craie sur
le papier roux. — de Pérugin, des dessins à la plume,
sans *maestria*, des dessins de graveurs, ou des lavis
désagréables à l'œil, avec leurs touches de rouge dans
les têtes: — de Luca della Robbia, un puissant dessin,
à larges écrasis de plume, qui représente deux femmes,
tenant des enfants nus contre leurs seins; — de Fra
Bartholomeo, une sanguine d'enfant Jésus, qui a l'agrément d'un dessin Watteau, et des croquis vigoureusement gâchés à la plume; — d'Albert Dürer, un magnifique dessin à la plume, représentant le Christ portant sa croix, signé 1520; — d'Holbein, un grand portrait d'un inconnu, avec dans la figure des touches de
pinceau, jouant les tailles du burin, — du Tintoret,
une Cène, lavée au bistre à grandes eaux, et rudement
pochée de blanc, sur papier brun; — du Parmesan,
des dessins menant aux dessins de Lafosse et de Boucher; — de Cellini, la grasse épure d'une salière très
ornée.

Au garçon qui nous sert à la *trattoria*, un jour de *Veglioni* :

« Vous restez ouvert toute la nuit?

— Oh ! non, monsieur, il y aurait trop de monde! »

ÉGLISE DEL CARMINE

Peintures commencées par Masolino di Panicale, et terminées par Masaccio.

Masaccio, c'est le peintre naturiste, donnant une représentation exacte de la nature, faisant de la vérité avec un goût de dessin à la Holbein, — trouvé *tout à fait pauvre* par le dix-septième siècle, sous la plume du chancelier Boucherat — sans l'ambition d'un idéal spirituel ou d'un surnaturel fantastique, et cela dans une peinture tranquillisée en un repos bourgeois.

Dans ce temps, où chaque grand maitre a un type de prédilection, qui revient dans toutes ses compositions, Masaccio, ne se souvenant plus des maîtres anciens, ne regardant plus en lui-même, mais regardant autour de lui, appelle, comme modèles, en leur variété des galbes et des physionomies, le monde multiple des vivants de son temps, dont il devient le portraitiste. Et même en son coloris — car le dessinateur est exceptionnellement un coloriste, — Masaccio n'a pas l'habitude et la

sujétion d'une coloration, d'un ton, d'une nuance
signant tous ses tableaux, son coloris fac-similé la couleur d'un chacun.

Après ces époques archaïques d'un art recherchant,
dans la représentation de l'homme et de la femme, les
lignes de corps, maigriotes, souffreteuses, décharnées,
des lignes presque psychiques, Masaccio étonne un peu
par son culte de la matérialité des êtres, non qu'à ses
belles images de la vie il refuse l'intelligence apparente
de la matière, il ne mette dans leurs yeux la flamme
du regard, sur leurs fronts les méditations d'une pensée terrestre, mais il tend à ne leur donner que la beauté
strictement humaine. Oui, Masaccio place sa science et
son adoration dans la surprise picturale de la chair,
dans l'étude appliquée du masque de l'homme, de sa
construction, de son ossature, de ses plans, de ses
méplats, du jeu de ses muscles, de l'action sur ce
masque, de l'âge et des batailles de la vie.

Il faut voir, chez Masaccio, ces jeunes gens aux chevelures épaisses et bouclées, aux grands yeux ouverts
sous la broussaille des sourcils, à la grosse lippe, au
puissant campement des reins sur les jambes, et dont
les juvénilités superbes passent moulées à travers les
étoffes : insolents de santé et de vitalité ; il faut voir les
vieillards, vêtus de bon drap chaudement fourré, à la
solide vieillesse, aux visages ridés par les préoccupations d'intérêts politiques ou marchands.

Et, si par hasard, il prend un jour fantaisie à l'artiste de peindre un Néron, ce Néron au geste dramatique d'un Talma, il l'entoure de figures semblables à celles que vous retrouvez dans les portraits authentiques du temps.

Enfin lui, plus que tout autre, ce maître qui fait le pont de la peinture entre le beau religieux et le beau académique, lui plus que tout autre, a fait entrer la vie de son temps dans la légende sainte, et fait coudoyer Jésus-Christ et la Vierge par les porteurs de jaquettes et de chaperons de l'Italie du quinzième siècle.

Un coin charmant que le Jardin Boboli : une petite île, au milieu de laquelle, d'une petite forêt de citronniers en fleur, s'élève la statue de Jean de Bologne, le créateur des Naïades de l'Arno, le distributeur poétique des eaux du fleuve ; une petite île qu'entoure une élégante barrière, formée par des compartiments de trois balustres sculptés en forme de congélations, rompue de distance en distance par une console plus basse, où est posé un oranger.

Deux grilles, ouvrant entre quatre colonnes, par une jetée de pierre qui traverse le canal, mènent à l'île, où des Tritons sont penchés sur des vasques formées d'une grande coquille, avec les enroulements d'un corps finis-

sant en queue squameuse de dauphin, dans le con-
torsionné d'une rocaille, où semble avoir passé la vio-
lence du ciseau de Michel-Ange.

Deux fausses entrées sont décorées d'amours, au
milieu d'attributs de Neptune; et de l'eau, où trempent

de grands pots rouges fleuris, deux cavaliers montés
sur des chevaux marins, escaladent la berge.

Là, dans cette verdure intense des citronniers et des
orangers, la blancheur des marbres est telle, que tout
ce monde maritime apparaît, comme une grandiose
sculpture en biscuit pâte tendre, posée sur un papier
vert velouté !

Le Carnaval italien, je le répète, c'est quelque chose
de remuant, de sautillant, de tournoyant, un accès de
tarentisme, un branle tétanique des jambes, une espèce
de diable-au-corps physique, bien plutôt qu'une folle
joie, qu'une griserie intérieure. Des cris, des poussées,
des *chiades* d'une récréation de collège, faisant toute
une nation ballante dans les rues, voici en quoi consiste
ce carnaval, aux gaudissements honnêtes, purs, imma-
culés. Des femmes et des hommes entremêlés les uns
dans les autres, sans une excitation aphrodisiaque, sans
un dégagement passionnel, sans une empoignade de la
chair de femme, que l'homme a sous la main. Et des
hommes et des femmes, en l'échange et le troc de vêtements masculins sur des femelles, et de vêtements
féminins sur des mâles, constituant un monde d'êtres
inquiétants. Enfin un délire se donnant cours régle-
mentairement, de deux à quatre heures, sans une gifle,
sans un carreau cassé, sans la bousculade d'un agent

de police, — un délire soumis à une discipline, comme
un soldat sous les armes.

Au Corso, seulement, dans et sur ces équipages de
l'étranger et de l'aristocratie florentine, le Carnaval a
fait montre, le mardi gras, d'élégance, de gaieté d'esprit, d'imagination carnavalesque, dans le travestissement.

Ici, on voyait une voiture de dominos noirs, attelée
de chevaux noirs, sur lesquels était tombée une neige,
tout à fait illusionnante, une neige faite avec de petits
morceaux de ouate ; là, une voiture italienne faisant la
charge merveilleuse d'une famille anglaise voyageant,
avec l'échafaudage des malles et des cartons, et le vieil
englishman, porteur de lunettes vertes, un calepin à la
main, et la jeune *miss*, avec son sempiternel chapeau
de paille, au voile bleu, porté hiver comme été, avec
sa *silskine* à la fourrure mangée, et une mère et des
domestiques inconcevables ; plus loin, une voiture où
se tenait un homme seul, tout habillé de lierre peuplé
d'escargots, et ayant une longue barbe en mousse.

Enfin, dans un équipage de la noblesse florentine,
attelée à la Daumont, une charretée de jeunes élégants,
en pierrots autochtones : le pierrot italien à la casaque
de satin blanc, aux bas de soie blancs, aux souliers
jaunes, parmi d'autres pierrots mi-partie blancs, mi-
partie noirs, coiffés de marabouts, et ayant sur la
figure des masques représentant la lune : — les deux

couleurs divisant le costume de la racine des cheveux au bout des pieds.

LES PESTES

Les trois pestes de Florence, de Rome, de Milan, modelées en cire. Un modelage admirable, mais dont la petitesse de l'exécution enlève l'horreur de ces horreurs, et leur donne un peu le caractère d'un joujou.

La peste de Florence. Une montagne de corps livides, culbutés les uns sur les autres, et présentant tous les tons du vert, depuis le vert bouteille jusqu'au vert tendre de la pousse des feuilles, montagne d'où sortent des pieds contractés, aux égratignures de vert-de-gris. Au milieu de ces cadavres, le cadavre d'une vieille en cheveux blancs, qui semble une statue de bronze vert, coiffée d'une perruque poudrée.

Dans la peste de Milan, un squelette couché sur le matelas des chairs tombées de son corps, un squelette de la nuance d'une poterie brune, avec les reflets bleuâtres qui se jouent sur les plats irisés de la Perse, à côté d'un autre cadavre, étendu sur un cénotaphe de marbre blanc, où l'on n'a pas eu le temps de l'enfouir, un cadavre couleur de fiel, où la peau, fendillée, s'ouvre talée et meurtrie, comme les blessures d'un fruit : horribles lézardes d'où s'égoutte de la sanie. Un troisième cadavre n'est plus que l'esquisse pourrie et déformée d'un corps, — un morceau de charogne fienteux d'un être.

La peste de Rome. Ce sont des squelettes, dont les os ne sont plus habillés que d'un je ne sais quoi de visqueux et de brunâtre, ou des cadavres couleur chocolat, comme calcinés de purulence, et aux grands morceaux de chair exfoliés, au-dessus desquels volètent des mouches à viande, au fond desquels s'aperçoivent des vers. Et dans ce charnier, au sol se soulevant, comme sous le rampement d'animaux impurs et vivant de la mort, dans ce charnier, qui semble l'étal de la marche de la corruption, jour par jour, heure par heure, au-dessus de femmes, dont les chairs paraissent encore un peu de la chair vivante, se dresse une femme faisandée. au ventre hideusement gonflé, que fouille un rat.

Dans le salon obstétrique, des fœtus de quelques mois, modelés en cire, ressemblant aux idoles qu'adorent les peuples sauvages, — les premiers rudiments du dessin des nations se rapprochant des premiers rudiments de la création, — et une *frenia* de femme, dépouillée de ses chairs extérieures, est l'image absolue de la fleur de lotus des Égyptiens.

ACADÉMIE DES BEAUX-ARTS

Luini. — La Vierge chez ce peintre, c'est la Vierge du Vinci, mais avec une expression courtisanesque.

Gentile da Fabriano. — Une Vierge ramenant de ses doigts allongés, effilés, un pan de son manteau bleu sur le ventre de l'enfant Jésus, dans un paysage, où s'élèvent des arbres tortueux portant des oranges, et les murs blancs d'une Jérusalem, imaginée par le peintre : une ville moyennageuse de l'Italie, aux campaniles, aux dômes de plomb, aux tours crénelées, qui sont, dans ce temps, — l'annonce d'une ville de la noblesse, — et que traverse une cavalcade hennissante de chevaux, ayant pour brides des colliers d'or, et montés par des hommes en turbans, balayant les chemins de la traînée de leurs robes de soie, et suivie de chameaux, sur le dos desquels jouent des singes : — l'ambassade de l'Orient à l'Occident.

Dans un autre tableau, Gentile da Fabriano est encore le peintre du moyen âge fastueux, avec ses chevauchées, ses pages, ses chiens, son luxe d'armes, son bruit de guerre, son train de bataille, enfin avec la pompe et l'ostentation d'un Camp du drap d'or, amené à la Crèche de l'enfant divin.

Fra giovanni da fiesole, dit l'*Angelico*. — De ce peintre tout particulier, tout personnel, qui n'a ni maître, ni élève, et qui paraît peindre, sous le coup d'une espèce d'hallucination du ciel chrétien entr'ouvert, citons tout d'abord cette « Mort de la Vierge » du palais Pitti, où est représentée cette morte nimbée d'or, qui a, dans sa réduction de poupée, l'allongement gothique des statues du portail de Chartres, et où la finesse du camée antique se marie au sentiment chrétien.

Citons encore ce tableau des Uffizi, cette vierge dans cette robe couleur d'aurore, les yeux palpitants de respect et d'amour, en un regard qui a l'air de joindre les mains et s'agenouiller, et cet autre tableau,

où les têtes sont traitées avec le travail précieux de la
miniature, où la coloration des figures et des vêtements, semble la montée naissante de toutes jeunes

couleurs dans des fleurs en boutons, où le noir des
ombres est remplacé par un ton léger et neutre de
crépuscule, où le Christ et la Vierge sont assis dans
une gloire de rayons, gravée sur l'enduit peint, où
les crosses des évêques sont gaufrées en relief, où les
nimbes sont niellés comme des nimbes de cuivre doré.

Mais à l'Académie des beaux-arts, on peut seulement
étudier, pénétrer cet Angelico. Là, est le musée, l'expo-

sition des œuvres les plus pieusement jolies de ce peintre, — qui ne peignit jamais un crucifix, sans répandre des larmes, — de ce coloriste vraiment paradisiaque, dont les femmes, qu'il prend pour modèles sur la terre, ont des coquetteries mystiques, qui leur font, si on ose le dire, *faire l'œil* au ciel.

C'est d'abord une « Descente de croix » avec son ciel d'outremer, sur lequel courent des souffles de nuages, pareils à l'écume blanche du dessus des vagues, et où des encensoirs montent dans le firmament, comme des cerfs-volants, une Descente de croix, avec sa terre stellée de petites fleurettes, et sous une lumière qui montre les choses et les êtres éclairés d'un prisme céleste, et où les douleurs apparaissent enfermées en elles-mêmes, et les désolations discrètes, et les désespoirs ne touchant pas aux traits du visage, mais tout contenus dans la prière des mains, dans l'espoir confiant des yeux.

C'est encore « l'Ensevelissement du Christ » qu'on pourrait appeler l'hymne pieux et désolé des couleurs claires, et où la douleur, sur ces visages, sur ces fronts ronds et polis, ne semblant contenir que des idées d'innocence, est exprimée presque seulement par une pâleur exsangue, comme si par les blessures du Christ, avait coulé tout le sang de ce monde désolé!

Mais, où ce peintre est tout à fait surprenant, et va au delà de l'art humain de la peinture, c'est dans ce tableau suavement lumineux de son « Jugement dernier ».

Parmi la lumière froidement blanche d'un jour de printemps, et où le bleu, le rose, le violet des vêtements, semblent tissés dans la soie céleste de fils de la Vierge, des saints et des martyrs, des vieillards à barbe blanche, des moines tonsurés, dans des robes de toutes couleurs, sous des manteaux de pourpre descendant jusqu'à leurs pieds posés sur des nuages, les mains jointes et croisées sur la poitrine, ou tenant un lis, une croix, un livre, un rouleau de parchemin, dans la tranquille et intérieure allégresse des Bienheureux, ont le regard tourné vers la gloire de Dieu : *Rex æternæ gloriæ...* vers un voile d'azur, d'où part le rayonnement diffus d'un soleil d'or, cerclé dans le haut par une sorte d'arc-en-ciel, où volètent les ailes de pourpre d'une multitude infinie, innombrable, de petits anges.

Au bas les tombeaux ouverts. A gauche de Dieu, l'enfer dans lequel se voient des cardinaux, des papes condamnés au feu éternel. A droite des gens d'église et des laïques, des hommes, des femmes, les mains tendues vers le Tout-Puissant. Au milieu de ces élus, des anges à la grâce presque féminine embrassent de jeunes moines, ces jolis et candides moinillons, que l'artiste peint si amoureusement, et les retiennent dans leurs embrassements, d'une manière saintement douce, tandis que d'autres, à la porte d'un jardin enchanté, tout plein de fruits, les convient de la main à une

danse de séraphins, couronnés de marguerites, et en-
lacés dans une ronde lentement tournante sur un
gazon, émaillé de fleurs, ainsi qu'en une ronde de mai
des cœurs, s'aimant en Dieu.

TEATRO LEOPOLDO AUGUSTO BARGIACCHI

Sur ce théâtre, c'est un autre *stenterello* que le gros
Cannelli, un *stenterello* maigre, nerveux, aux doigts
rétractés, au jeu fiévreux, rageur, et dans lequel éclate,
d'une façon désopilante, la mauvaise humeur de ses
mains et de son masque. Un comique un peu triste,
mais un comédien savant, rompu au métier, un comédien original, un comédien tout florentin qui ne rit pas,
mais dont les mines, les grimaces, les effets sourds de
la voix, la volubilité des paroles, les contorsions excen-
triques du corps arrachent le rire.

A ce théâtre BARGIACCHI, dans la bouche du *stenterello*, c'est de l'esprit tintamarresque ou ordurièrement
équivoque.

Exemple d'esprit tintamarresque. Un postillon dit :
« J'ai tant de larmes dans l'antichambre des yeux, que
je ne puis voir le chemin ! »

Exemple de l'esprit équivoque : « — Ah ! c'est votre
sœur de lait... ? L'épouser, non... avec du lait on ne fait
pas des œufs.... »

Pendant les entr'actes du théâtre BARGIACCHI, le *stente-rello* chante des espèces de complaintes drolatiques, sur des airs pleurards d'église, qui font se tordre le public.

Un des caractères du *stenterello*, c'est d'être brèche-dent, ce qu'il obtient d'une manière tout à fait illu-sionnante, en se mettant, sur les dents de devant, un morceau de taffetas noir.

Parfois, il arrive au *stenterello* de se montrer en squelette, les côtes et le pubis soutachés en blanc sur un tricot noir : un travestissement produisant un grand effet sur les vivants de la salle.

Où apparaît le mieux le génie de Michel-Ange, c'est dans cette étude inachevée de la « Vierge faisant lire l'Enfant Jésus » et où la chair fondit, comme de la cire, sous les brutales entailles du ciseau du sculpteur : un merveilleux croquis exécuté dans le marbre.

Le fond de la nourriture du peuple florentin est un gâteau de farine de châtaignes, lardé d'amandes de pins : gâteau appelé : *Castagnaccio*, un gâteau couleur chocolat, et qu'on voit exposé dans des bassins de cuivre.

Oh ! la jolie Parisienne du dix-huitième siècle, avec l'éclair et le pétillement de sa physionomie, que cette

Mme Lebrun, qu'on suivait, les dimanches aux Tui-

leries, de manière à l'embarrasser ; oui, la jolie Parisienne, que cette gentille peintresse, obligée pour ses

portraits d'homme, de les peindre, comme elle dit, *à regards perdus*, et de leur crier, aussitôt que les leurs devenaient tendres : « J'en suis aux yeux! »

Elle s'est peinte, la tête faisant face au public, une main levée, en train de peindre, l'autre tenant la palette et la boîte de pinceaux, et un rien reposant sur ses genoux, dans une attitude mollement abandonnée.

Elle est habillée d'une robe de soie noire, bouffante et chiffonnée sur les seins, une large écharpe de soie rouge, au gros nœud tombant sur la hanche, une grande collerette de dentelle jetée, un peu à la diable, autour d'un cou libre et dégagé. Elle a un petit nez mutin, gamin, aux narines éveillées, des yeux dont la lumière est un sourire, une bouche respirant une grâce malicieuse, de toutes petites dents perlées, prêtes à mordre, l'ovale rond et mignonnement plein d'une figurine de Clodion.

Sous un mouchoir de mousseline, tortillé en la forme d'un léger turban, des cheveux aériens, volatilisés, par un œil de poudre, battent la figure juvénile, enfantine presque, de leurs tortils affolés. Et une vie délicate court sous les carnations de porcelaine de cette nerveuse, au sommeil léger, qui ne pouvait dormir, je crois, à Rome, empêchée qu'elle était par le forage des tarets dans les poutres des plafonds, et qui ne dut, selon son expression, son calme et la prolongation de sa vie, qu'à une sieste, à une coucherie d'une heure, pendant le jour, après son dîner.

Le portrait signé : *L.-E. Vigée Lebrun* 1791, nous apprend que ce portrait, faisant partie de la collection des portraits des peintres de toutes les écoles, a été exécuté en Italie, lorsque, prise de peur de la Révolution, l'émigrée s'est sauvée de Paris.

PAYSAGE D'HIVER DE LA BANLIEUE DE FLORENCE

Un soleil au rayonnement éblouissamment clair, des ombres portées ayant la cernée d'une tache d'encre sur du papier; dans un air sec, pas le voile, pas la gaze flottante d'une vapeur, et pas de fuite de plans, et pas de lignes perdues, effacées, brouillées, et pas d'horizon défaillant : — une silhouette des choses, âpre, crue, brutale.

Au loin un amphithéâtre de collines, comme découpées à l'emporte-pièce sur un azur profond, immobile, solide, pareil à un mur d'outre mer. Tout près, une campagne mamelonnée, bondissante, où sur une terre de cendre, la verdure grise de poussière des oliviers a des lumières d'argent bruni, qui, des oliviers vont jouer, comme dessus des verdures de zinc, sur les massifs d'arbres verts, les haies d'un lierre sombre, les cactus jaillissant des fissures de vieux murs.

Et là, dans ce bain de lumière aiguë, en la montée et
la descente de ces petits chemins, tout le long, bordés
de noirs cyprès, à un détour, l'œil du promeneur imaginatif a, parfois, comme l'illusion d'entrevoir, une seconde, le chaperon rouge du poète florentin, cherchant
les beaux et grands vers italiens de sa *Divine Comédie*.

Cette cour du grand-duc Léopold II est si bourgeoise,
si aimablement bourgeoise, qu'elle a donné trois idées
à notre compagnon de voyage, Louis Passy : la première,
d'y aller en parapluie, la seconde d'y prendre ostensi-
blement des notes sur un calepin, et la troisième, aujourd'hui, où nous sommes à la veille de partir, d'y
mettre des cartes, avec P. P. C.

Un repère pour constater l'âge des vieux tableaux
italiens : l'écartement des yeux[1]. De Cimabué à la Renaissance, les yeux vont, de maître en maître, en s'éloignant
du nez, perdent la caractéristique du rapprochement
byzantin, regagnent les tempes, et finissent par revenir
chez le Corrège et chez André del Sarte, à la place où
les mettaient l'Art et la Beauté antiques.

1. C'est le mode d'expertise pour la fixation de la date des
peintures italiennes anonymes, adopté par le sénateur Morelli,
depuis la publication de cette note, dans IDÉES ET SENSATIONS.

Comme je développais, assez éloquemment, des idées, sur les points de rapprochement entre nations, des races latines, et des sympathies, que ces points de rapprochement devaient amener entre les Italiens et les Français, mon interlocuteur toscan, un avocat très distingué, eut une espèce de rire muet, légèrement ironique, et après un silence, me jeta ces paroles :

« Monsieur, je crains bien, qu'à ce sujet, vous ayez des illusions... de complètes illusions.... Du reste, l'expérience vous est facile à faire... et vous pouvez vous convaincre, dans le premier salon venu d'ici, où il y aura un Français et un Anglais, que l'Italien ira, instinctivement, à l'Anglais. »

Et ce rire muet, et ces paroles de l'avocat toscan, me remettaient tout à coup en mémoire, ce que raconte le bailli Grosley de la gallophobie, dans je ne sais plus quelle ville d'Italie, au dix-huitième siècle, d'un aubergiste maître de poste, chez lequel il logeait : un vieillard impotent, confiné au coin de son feu, et passant la journée à souhaiter au voyageur français et à ses domestiques, la *rabbia*, le *canchero*, dans une verbosité haineuse, tout à fait amusante.

Au fond, un charmant et désirable endroit de la terre à habiter que cette ville de Florence, où une journée d'hiver n'est pas plus froide qu'une nuit d'été, à Paris,

où il y a un chemin de fer qui ne va guère plus loin
que là, où on peut encore voir l'heure à l'horloge du

vieux Palais, où les truffes sont au prix des pommes de
terre, où il y a des camélias dans les lieux, où l'enseigne de la grande marchande de modes est en français,

où un jeune homme ruiné ailleurs, rien qu'avec les
6000 livres de rente qui lui restent, peut avoir en compagnie de la ballerine, dont les romans de Paul de Kock
gratifient le misérable petit capitaliste parisien de ces
temps-là, — peut avoir un cheval.

En cette ville bénie, tout semble arrangé pour le bonheur de tous, si bien que toutes les jolies femmes peuvent espérer de danser une fois, dans l'année, avec
l'héritier présomptif, si bien que le comique du grand
théâtre a la chance de faire rire les petits enfants et les
grandes personnes, si bien que le clergé a l'esprit de
se contenter d'expliquer au peuple les quatorze ma-
nières d'accommoder la morue salée, en carême.

Oui, un petit peuple si doux, que les officiers y mangent plus de crème fouettée que toute autre part; si poli.
que les marchands de tabac vous disent merci, quand
vous entrez allumer chez eux un cigare; si ennemi du
changement, que lorsque la viande est payée trop cher
par les bouchers, ils la vendent à faux poids, au su et
au gré des acheteurs souriants; si sobre, que c'est la
ville, où les chiens se nourrissent de pain tout sec.

LIVOURNE

Un quartier du Havre, avec toute la saleté italienne,
et la lessive guenilleuse des maisons séchant aux fenêtres.
Deux ou trois larges rues *anglaisées* de quincaillerie,
de draperie, de librairie de la Grande-Bretagne, mais
coupées, de dix en dix pas, par d'ignobles ruelles, aux
Trattoria e Locanda di Basso Mondo, aux dépôts d'huî-
tres, à 48 cratz la douzaine, aux misérables boutiques
de barbiers, où l'on aperçoit dans l'ombre la face
blanche de savon d'un matelot, qu'un maigre figaro
tient par le bout du nez.

Et dans toute la ville, allant et venant, affairée, une
population cosmopolite inclassable, des types entre le
professeur de chausson et le vendeur de contremarques,
proposant à vendre n'importe quoi à l'étranger qui
passe : ces types, mêlés à des mendiants culs-de-jatte,
qui le poursuivent sur leur petite sellette ferrée.

Un tableau de la rue. Devant une échoppe, stationne
une toute petite fille, joliment débraillée, aux brillants

yeux, sous l'ébouriffement de cheveux en révolte. La grosse marchande de l'échoppe retire d'une marmite, avec une cuillère en bois, des haricots bouillis, les verse dans une balance, les pèse, et du plateau de la balance les jette dans le tablier de la petite fille, qui se sauve en courant.

PISE

CAMPO SANTO

Le plus beau cimetière d'art du monde, un monument décoratoire de la Mort, qu'il a fallu deux cents ans pour parachever, une triomphale arcature de 250 pieds de long sur 140 de large, aux murs entièrement revêtus de peintures, une œuvre peinte formidable, une œuvre, dit Vasari, de nature à épouvanter toute une légion de peintres (*opera terribilissima e da metter paura a un legion di pittori*).

Sur le mur du Midi, sont les compositions des deux frères André et Léonard Orcagna : « Le Triomphe de la Mort » et « Le Jugement dernier » par André, « L'Enfer » par Léonard[1].

Chez les deux Orcagna, la tradition byzantine s'est

1. Ces compositions auraient été attribuées à tort, sur la foi de Vasari, aux frères Orcagna : elles seraient, à ce qu'assurent MM. Crome et Cavalcarella, des frères Pietro et Ambrogio Lorenzetti.

conservée à ce point, que les crinières des chevaux
sont tressées sur le modèle des entrelacs des chapiteaux
des églises bâties dans ce style, et la peinture des deux
frères, sous des accoutrements de leur temps, a gardé
sur les figures, un peu du charbonnage et de l'expression anti-humaine des mosaïques de Saint-Marc.

« Le Triomphe de la Mort », on dirait un chant macabre du Dante!... Sous un bosquet d'orangers, où,
pareils à des zéphirs, volètent deux petits amours, des
couples amoureux s'enivrent de douces paroles et de
musique, qu'un troubadour tire de sa voix et de son
violino, pendant que la Mort descend rapide sur ces
heureux vivants, pour les faucher en plein bonheur, en
pleine jouissance de la vie. Et la Mort, n'est pas la
Mort-squelette des danses d'Holbein, elle est une vieil-
larde aux cheveux blancs, qui a le corps musclé d'une
figure allégorique du Temps, en même temps que les
diables à son service, sont des figurations un peu car-
navalesques des satyres de l'antiquité.

Au-dessous de la Mort, c'est un abatis de cadavres,
un charnier de rois, de bourgeois, de prêtres, de guer-
riers, de femmes. Et de toutes ces bouches ouvertes, les
âmes sortent, comme si les morts accouchaient douloureusement de leur immortalité, et des diables hideux,
aux écailles de crocodiles, et des anges, couleur de feu,
tirent des bouches ces âmes, qui sous le pinceau du
peintre, ont pris l'aspect matériel de gros garçons aux

hanches d'hermaphrodites. Et la dispute, et le partage, et la *revision* des âmes, se continuent au ciel, où il y a une bataille, au sujet de l'âme abominablement porcine d'un moine grassement entripaillé, qu'un diable tient par les cuisses, qu'un ange tire par les bras.

Tout en bas de la composition est un chœur d'aveugles, d'infirmes, d'estropiés, de béquillards, demandant à la Mort de finir leurs maux, l'implorant dans ces vers :

Dà che prosperitade ci ha lasciati
O Morte, medicina d'ogni pena
Deh ! a darne ormaï l'ultima cena.

Mais la Mort, sourde à leurs sollicitations, ne va qu'aux heureux, et c'est à la joyeuse cavalcade descendant sur la gauche de la peinture, qu'elle va offrir son image et l'annonce de sa venue.

Au pied d'une montagne, d'une Thébaïde, au haut de laquelle des moines prient, au-dessous d'un plateau où dorment deux cerfs, et où un lièvre *fait chandelier*, une joyeuse cavalcade de gentes damoiselles et de jeunes gentilshommes, le héron sur le poing, revient de la chasse, leurs varlets chargés de canards sauvages. Et voici qu'à leurs yeux se présentent trois cercueils : le premier, contenant un cadavre hideusement boursouflé ; le second, un cadavre, dont la pourriture a déjà mangé la figure ; le troisième, un cadavre, à peine habillé de quelques guenilles de chair et de peau : trois cadavres à la décomposition rapide, qu'amenait, selon la croyance populaire, la terre sainte rapportée de Jérusalem sur les vaisseaux de Venise, et dont on avait fait la terre de sépulture du Campo Santo.

Et l'odeur de ces trois cadavres faisait se boucher les narines aux hommes et aux femmes, tendre aux chevaux le cou dans un hennissement inquiet, et aux chiens flairer le sol, le nez en terre.

Dans « le Jugement dernier » d'André Orcagna, aux côtés du Christ, la main droite levée dans un maudissement des damnés, que repousse, avec de grandes épées d'argent, la gendarmerie des anges, la Vierge, dans sa robe blanche aux reflets roses, a un geste de tendre commisération pour les maudits : double pantomime qu'a reprise et introduite Michel-Ange dans son « Jugement dernier » de la chapelle Sixtine.

« L'Enfer », de Léonard Orcagna, c'est la coupe de ce *carcere duro*, qui aurait quatre étages de tourments, et pour pilier de l'immense palais de douleur, un gigantesque monstre jaune et vert, cornu comme un bœuf, aux entrailles de braise, toute braisillante.

Sous sa direction, des malheureux, mitrés de blanc, tournent à une broche, passée à travers deux bouches de damnés, et en attendant l'heure de rôtir, des paquets de damnés sont ficelés avec des serpents qui leur mangent le sein, pendant que des diables assis à califourchon sur eux versent du plomb fondu dans la bouche gourmande de celui-ci, tenaillent avec des tenailles rouges les lèvres impudiques de celui-là, déroulent, dévident les entrailles impures de cette femme, inventent je ne sais plus quels supplices pour les autres, qui tous, dans la soif qui les brûle, ont la tentation de tables servies de rafraichissements, auxquels ils ne peuvent toucher.

Et ce sont des puits, des puits tout entiers, remplis jusqu'aux bords, de morts à la souffrance toujours vivante, parmi lesquels des coups de lances et de harpons font des remous douloureux.

Cet enfer de Léonard Orcagna, c'est bien la conception de l'Enfer au Moyen-Age, mais encore plus entièrement la conception d'un peuple méridional, qui sous son soleil, ne connait ni les mélancolies, ni le spleen du Nord, vit dans une ignorance un peu enfantine de la souffrance morale, et n'imagine pas de supplice plus cruel, plus ingénieusement barbare, en un mot plus infernal, que celui d'un homme qui rôtit à la broche.

Le mur du Nord, en vingt-six grandes peintures, est comme l'exposition d'un panorama du Vieux-Testament.

Et tout d'abord trois compositions, longtemps attribuées à Buffalmacco, et seulement depuis quelques années à Pietro di Puccio d'Orvieto. Ces trois compositions sont « La Création », « La Mort d'Abel ». « La sortie de l'Arche ».

Dans ces fresques de la fin du quatorzième siècle, un commencement du sentiment anatomique en peinture, le corps de l'homme et de la femme sorti de l'embryonnat hiératique des formes, les vrais contours de la nudité étudiés pour la première fois; — les anges, plus les anges incorporels des mosaïques, avec leurs ailes de grands volatiles, des anges emplissant leurs robes de rondeurs humaines; — des têtes encore un peu byzantines, aux yeux touchant le nez, aux cous n'en finissant pas : toutefois un ensemble de formes et de traits, comme s'adoucissant, s'humanisant dans l'étude de la nature, ainsi que cela est très visible dans l'Ève de « La Création ».

Et sans aucun doute, dans cette composition, l'archange est la prise exacte d'un modèle humain : cet archange, dont le costume est un compromis entre le costume moyenageux et le costume romain, et dans lequel le peintre a introduit la cotte du légionnaire de la vieille Rome, que Raphaël va bientôt faire entrer dans le vestiaire de ses costumes peints.

Dans la « Mort d'Abel » une peinture plus primitive, des têtes petites, relativement au développement des corps, et des formes mannequinées, des enveloppements de membres dans des lignes droites, sans le ressaut et le cabossement des muscles, brisant la rigidité de bois de ces lignes.

« Le Déluge ». Après la retraite des eaux, la recon-

naissance envers Dieu de l'Humanité, et de l'Animalité,
au sortir de l'arche de Noé, se témoigne, des deux
côtés de la composition, par l'agenouillement des
hommes, à droite, par l'agenouillement des bêtes, à
gauche.

Les vingt-trois autres compositions, qui sont de
Benozzo Gozzoli, continuent cette grandiose illustration
de la Bible, et deviennent sur ce mur du nord du Campo
Santo, sous le pinceau imaginatif de ce maître, une
sorte de poème lyrique peint du saint livre.

Dès la première composition : « l'Adoration des
Mages », il semble qu'on se trouve devant une peinture
qui a sauté plusieurs siècles. Ce sont les couleurs
suaves d'un élève de Fra Angelico da Fiesole, la grâce
et la vie des corps dans des tons doucement harmonieux, au milieu de pittoresques aspects de la nature,
de paysages, où les cavalcades blanches se détachent
sur les palmiers et les pins parasols, avec des lointains montagneux, dominés par une petite ville à la
découpure fantastique, et vers laquelle monte en serpen-
tant, droit dans le ciel, le fer d'un millier de lances.

A « l'Adoration de Bélus », à « la Tour de Babel »,
où seraient portraiturés les portraits de Cosme l'Ancien,
de son fils Pierre, de ses neveux Julien et Laurent le
Magnifique, enfin, d'Ange Politien, sous toujours le vrai
coloris de Benozzo Gozzoli, apparaît et perce la réalité
humaine qui caractérise le dessin de Masaccio, en une

matérialité, avouons-le, plus contenue, plus resserrée. Et voici les poses prises sur le vif, et le naturel des attitudes, et voici l'élégant balancement des jeunes hommes sur leurs torses, et voici les jolies retrouvailles d'équilibre des femmes, portant une cruche sur la tête, et de l'autre main, du côté de la hanche qui creuse, trainant un enfant, et avec toutes les coquetteries de leurs têtes sur la souplesse des cous, — et voici la vivace mobilité des enfants, de toute cette population d'enfants, animant et faisant comme le premier plan de ses tableaux.

« La Femme de Loth changée en statue de sel », une composition curieuse, rappelant le changement un peu effrayant d'acteurs, métamorphosés soudainement en statues blanches.

Mais parmi ces compositions, il en est une tout à fait supérieure, c'est la « Destruction de Sodome » sous les souffles de feu des anges vengeurs. Impossible de donner un plus saisissant spectacle de la ruée d'une population épouvantée, fuyant l'incendie, et de mettre dans ce sauve-qui-peut éperdu de bras et de jambes, la variété d'impressions morales qu'y a mise Benozzo Gozzoli. Ici, la frayeur stupide : cet homme qui fuit, les bras en l'air, la tête baissée, craignant de regarder derrière lui; là, la révolte, dans cet homme à l'anatomie contractée, et au redressement colère de la tête contre le ciel. Un vieillard à barbe blanche, qui s'en va à pas lents, réfléchis, nous donne l'idée de la résignation religieuse. Et le désespoir profond et calme, le désespoir bien humain, est représenté de la manière la plus intelligente, par l'arrêt de ce père, qui, une main sur la tête de son fils, encore enfant, l'autre dans ses cheveux qu'il tortille, en la fuite de son foyer, en le deuil de sa femme qui n'est pas à ses côtés, ne sait pas s'il veut marcher encore.

Dans « l'Ivresse de Noé » Gozzoli a retrouvé, pour la vendange, pour le cadre de cette ivresse, la grâce des frises antiques, l'envolée de ces enlacements dansants de nymphes aux pieds légers. En effet, ne semblent-elles pas détachées d'un bas-relief grec, ces deux femmes, dont l'une, un pied soulevé derrière elle, une main sur la hanche, et l'autre tenant sur sa tête le panier à raisin, s'avance avec un ballant dans la démarche, comme si le peintre avait vraiment trouvé le moyen de rendre la marche en peinture. L'autre femme, posant sur ses deux pieds assemblés, l'un en retraite, calant le talon du premier, la tête renversée, le visage fuyant, les seins projetés en avant, ses deux bras élevés au-dessus de sa tête pour recevoir le panier, que tend le vendangeur perché sur une échelle, sa jupe doucement carminée, relevée et passée dans sa ceinture, un bout de chemise blanche au-dessus du genou.

Cette « Ivresse de Noé » est connue en Italie sous le nom de la *vergognosa*, tirant ce nom de la femme, qui

tout en ayant l'air de se couvrir le visage avec sa main,
afin de ne pas voir la nudité de Noé, regarde entre ses
doigts. De là, le proverbe pisan : *come la vergognosa
di Campo Santo.*

Dans l'élévation de la Tour de Babel, Gozzoli fait
preuve d'un dessin anatomique des musculatures très
savant, et parmi toutes les poses des bâtisseurs du
monument surhumain, c'est plaisir à voir le contournement bossué des corps, le raidissement cordé des
nerfs, les beaux raccourcis des efforts de la Force.

Cette composition a un autre intérêt, elle renferme
une représentation de Babylone, et cette représentation
nous donne l'idée qu'on se faisait alors de cette cité,
pour ainsi dire légendaire. Elle est représentée avec
des portes crénelées, comme celles d'Aigues-Mortes, avec
une tour, comme celle du Vieux Palais de Florence, et
avec tous les Arcs de Triomphe et tous les Dômes et
toutes les églises de l'antiquité romaine et du moyen
âge italien.

Du reste Benozzo Gozzoli est dans sa peinture, l'architecte d'architectures d'une richesse, d'une pompe,
d'une splendeur inouïe. Ce ne sont, dans le fond de ses
compositions du Campo Santo, que palais de marbre de
toutes couleurs, que campaniles montant dans le ciel,
dont ils laissent passer le bleu par toutes les percées,
que tours ceintes de colonnes, comme une ronde de
danseuses, se donnant la main par-dessus leurs têtes,

que terrasses-jardins surchargées de curieux, que somp-
tueux *atrium* de temples aux chapiteaux d'or, au pavé

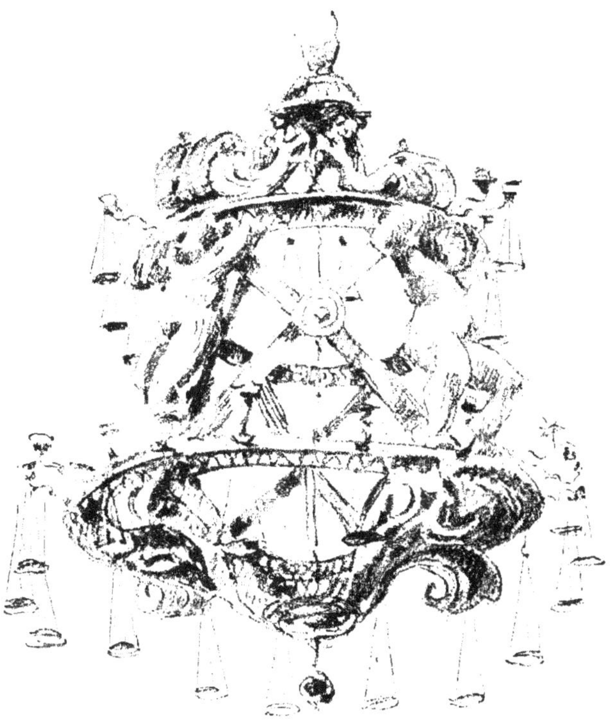

de mosaïque, enfin que portiques à jour, où dans
l'ombre des arceaux, parmi les balafres de soleil, pa-
pillotent des couleurs de pierres précieuses.

Cette lampe du Dôme de Pise, que dessine mon frère,

cette lourde lampe, aux anges-amours tenant ces espèces de balancelles qui sont les bobèches des cierges,
cette lampe me rappelant, je ne sais pourquoi, le cadre
circulaire richement ornementé d'une sphère, cette
lampe a toujours l'oscillation qui a dit à Galilée que la
terre tournait autour du soleil : « *Eppur si muove.* »

A propos de cette découverte du mouvement de la
terre, il n'est sorte de persécution, dans quelque genre
que ce soit, que ce pauvre Galilée n'ait subie.

C'est ainsi que dans le cours d'une visite de l'Uni-
versité de Padoue par les trois procurateurs de Saint-
Marc, formant un tribunal, *per la riforma dello studio
di Padova*, le père Berlinzone accusait le savant, en
pleine assemblée, d'entretenir une fille à Padoue, une
autre à Gambarara, où il allait passer ses jours de
congé, une troisième à Venise, où il faisait de fréquents
voyages. Sommé de répondre, Galilée dit simplement,
qu'il avait des besoins, que ses besoins lui étaient com-
muns avec son accusateur, et qu'il ne s'était jamais
occupé comment son accusateur les satisfaisait.

Sur cet aveu, après que les *riformatori* en eurent
conféré entre eux, le président prononça que, vu l'in-
suffisance des appointements de l'accusé pour fournir
à ses besoins, la République les doublait, en l'invitant
à en faire bon usage.

Au *Campo Santo* se retrouve réunie une nombreuse
et intéressante collection de tombeaux antiques, de sarcophages romains, où, dans le marbre funéraire, sont
jetées en une *furia* de mouvement, des chasses, des
courses, des luttes de cirque, des mêlées batailleuses
de corps, des cabrements de chevaux, des danses de
femmes, — ainsi qu'une protestation de l'Activité
humaine contre l'Éternel Repos, de la Vie contre la
Mort.

Sur un tombeau chrétien des premiers temps est
figurée une porte entr'ouverte. La pierre d'une tombe
plus moderne a pour toute ornementation, pour toute
inscription, le fac-similé de deux plantes de pieds sur
le sable : un symbole de la trace bien vite effacée de
notre passage sur la terre.

Pise possède une Faculté de droit, où l'on enseigne
le droit canon : un cours assommant, et dont les étudiants se débarrassaient ainsi, il y a quelques années.

Le professeur était un abbé, un bon, un doux, un
charmant vieillard.

A peine était-il en chaire, qu'un étudiant disait tout
haut : Un juif! Et aussitôt nombre de voix de crier :
Docteur, il y a un juif ici! Pas de juif! A la porte le
juif! — Eh bien, où est-il? hasardait timidement le
professeur : — C'est moi! jetait impudemment un étu-

diant, en se levant. — Eh bien, vous voyez, mon ami, vous allez empêcher ma leçon.... Vous devriez bien vous retirer ? — Mais le cours est public, j'ai le droit d'y assister. — En effet, comme vous le dites, le cours est public ! — Pas de juif, à la porte le juif! reprenaient en chœur les étudiants, — Mais voyez, comme c'est désagréable! soupirait le vieux docteur, en s'adressant à l'étudiant prétendu juif.

— Ah ! il ne s'en va pas.... il ne s'en va pas.... Eh bien, c'est nous qui nous retirons, hurlaient les étudiants.

— Je reste, moi !

— Point de juif, jamais de juif! — et tous les étudiants décampaient.

Le bon prêtre, resté avec le faux juif, fermait ses cahiers, en lui disant sur un ton de reproche plaintif : Vous voyez, mon ami, ils se sont en allés!

Une population bien misérable, la population de Pise, dont la mendicité, par troupes de dix à douze mendiants, chasse les malades de la poitrine, de ce climat chaudement humide, et dont la partie qui ne mendie pas, vit de braconnage dans les forêts de sapins de la *Cascina di S. Rossore*, la ferme immense du grand-duc, la ferme qui étonne par ce troupeau de deux cents chameaux, aux ancêtres importés du temps des Croisades.

Ces forêts de sapins sont pleines de sangliers, que les braconniers, après les avoir tués, jettent dans l'Arno, et repêchent, lorsque les bêtes sont hors des domaines du grand-duc.

SIENNE

Dans la montée de cette sorte de chemin de ronde, qui fait le tour de Sienne, et dans lequel, des pans restés debout d'un mur des anciennes fortifications, descendent de grandes ombres aux dentelures bizarres, d'où, obscurs et noyés en la pénombre, émergent dans le soleil, des mulets à la pourpre éclatante de la couverture, aux éclairs des plaques de cuivre, toutes cliquetantes ; — là, dans ce chemin, entre une colonne en pleine lumière, à gauche, et à droite, la montagne aux oliviers d'hiver vert-de-grisés, portant l'église San-Dominico, soudain m'est apparue, une tannerie : un coin de bâtisse à faire la joie de Decamps, un morceau de paysage urbain, chauffé, recuit, calciné, rissolé, avec des pétards de blanc d'argent, de vermillon, d'outremer, dans des ombres de bitume et de terre de Sienne brûlée.

Un petit mur montant à la façon d'une rampe d'escalier : un petit mur blanc, ayant l'air de craie grattée,

rayée, égratignée, et tout recouvert de peaux qui sé-

chent, suspendues à des moitiés de cerceaux, des
peaux de toutes couleurs : des peaux couleur d'ama-
dou, couleur de feuilles séchées, couleur de lie de vin,
glacée de tons bleuâtres.

Au bas d'une terre, que l'égouttement de l'eau chargée de tan a rendue toute rouge, un grand réservoir,
rempli d'une eau verdàtre, du vert dense d'un marbre,
et dans cette eau, comme solide, les reflets du mur
blanc, de la terre rouge, des peaux multicolores, avec
au milieu de ces taches, arrêtées par de dures cernées,
des rayures de lapis, dans lesquelles se mire le bleu
inaltéré du ciel.

Contre le réservoir, s'élève un bâtiment à l'aspect
d'une ruine antique, un grand bâtiment de brique
tout rouge, où le plâtre qui le recouvrait, éclaté sous
l'action du soleil, n'a laissé que quelques esquilles
blanches : un bâtiment aux trois immenses baies
cintrées, sans portes, et où, à la place des portes,
sont encore suspendues de grandes peaux, qui ont
l'air d'animaux desséchés. Et au-dessus de ces trois
baies, dont le dessous est tout émeraudé par les jolies
nuances frigides de l'humidité, une terrasse, au haut
de laquelle, autour des pilastres, se contournent les
sarments desséchés d'une vigne, qui fait le toit de
l'édifice, en été.

Sur le bord du réservoir, était couchée sur le dos,
une mâtine en mal de chien, les quatre pattes en l'air,

les pattes inférieures toutes raides, les pattes supérieures agitées d'un mouvement convulsif, montrant les mamelles pressées de son ventre et le blanc de dessous de sa gorge, dans sa peau rayée de tigre, la tête renversée sur la margelle, et ne laissant voir qu'un bout de nez noir, et l'enroulement d'une langue rose dans un coin de gueule, à fleur d'eau, pendant qu'un mâtin rayé de noir dans sa peau grise, comme la mâtine, tournoyait, grondant autour d'elle.

Oh ! tout à fait un motif de Decamps, dans l'atmosphère limpidement claire d'un jour d'hiver italien, et dans un air chargé d'émanations âcres, toniques, astringentes.

Peintures du Pinturicchio au Dôme, d'une conservation miraculeuse, mais peintures moins libres, moins *nature*, moins intimes, que ses peintures de Florence, peintures plus soumises à un style de convenance et d'élévation plus classique, présentant cette curiosité, que les reliefs des choses dorées sont tels, que ce sont de véritables boutons, de véritables mors de chevaux, de véritables manches de poignards, sans que la perspective du tableau en souffre.

Devant le Sodoma, de l'église de Saint-Dominique, de-

vant le tableau ae « l'Évanouissement de Catherine de
Sienne », me revenait l'histoire de cette sainte hysté-
rique.

Je me la rappelais à l'âge de six ans, dans cette
ancienne rue de la *Valle piatta*, levant les yeux vers
cette église où j'étais entré, et voyant le Christ sur un
trône, à travers un voile d'or tenu par des séraphins, et
éprouvant une joie si puissante de cette vision, que
secouée dans son extase par son frère, elle s'écriait :
« Oh! si tu pouvais voir les belles choses que je vois,
tu ne me dérangerais pas ainsi ! » et la petite fille fon-
dait en larmes. C'est elle encore qui, devenue une fille
de Saint-Dominique, et demeurée sans instruction jusqu'à l'âge de trente ans, déclare que Jésus-Christ lui a
appris à écrire dans une extase, en cette curieuse
phrase : « *Je commençai à écrire, comme en dormant* ».
C'est elle enfin, qui, à Pise, après un long agenouillement les bras en croix, tombait par terre, comme fou-
droyée, et se relevait rayonnante d'une beauté surhu-
maine, portant sur le corps les stigmates de Jésus-
Christ.

Ah! l'incroyable extatique que cette Catherine de
Sienne, à laquelle auraient été donnés, pour ainsi dire,
des sens spirituels qui lui faisaient sentir une odeur
fétide chez les êtres en état de péché mortel, et qui, en
ce temps des factions remplissant l'Italie de meurtres
et d'empoisonnements, à cette époque des *pestes noires*

faisant des rafles de 80 000 individus, et poussant les survivants aux jouissances brutalement hâtives, parlait aux multitudes accourues à sa voix « appelées comme par des trompettes invisibles, » parlait de la beauté des âmes, lavées du limon bourbeux du péché, avec l'illumination artiste d'une voyante céleste, devenant la purificatrice des laides consciences de son siècle, méritant le surnom de la *Chasseresse mystique des âmes.*

Un régime de vie du reste tout propre à l'exaltation de la mysticité, de l'érotomanie religieuse.

Trois années entières, où Catherine de Sienne ne sortit de sa chambre que pour aller à l'église, trois années où elle se renferma dans un silence si entier, qu'elle ne parlait qu'à la confession, pour avouer ses fautes. Le coucher sur une planche, où elle ne s'accordait qu'une demi-heure de sommeil, tous les deux jours. La privation de la viande depuis l'âge de quinze ans, l'abandon du vin pendant les dernières dix-huit années de sa vie, le retranchement même du pain : sa nourriture, quelques feuilles de légumes et quelques fruits; et encore ne faisait-elle que les mâcher et les rejeter après, ne se nourrissant que de leur suc. En sorte que l'hostie de l'eucharistie était presque son unique manger, et qu'elle ne se soulevait un peu de sa faiblesse presque mortelle, qu'à ce repas spirituel de tous les jours.

Et dans ce corps fermé à toute jouissance, à toute satisfaction matérielle, une seule sensualité était demeurée, un goût passionné pour les fleurs, et sa pauvre chambre de la *Fullonica* était toujours odorante de la senteur des lys et des violettes.

Or, dans cette chambre à la fois emplie de la suavité des fleurs et de la tendre dilection de Dieu : Doux Jésus! Jésus amour! Catherine se croit très sincèrement l'épouse du Christ qui, un jour, *a dit à son âme* : « Je célébrerai aujourd'hui avec toi, la joyeuse fête de nos fiançailles, en t'unissant à moi par le puissant lien de la foi ». Et en cette réalité humaine, donnée par l'imagination de l'extatique aux êtres qui ne sont pas, donnée aux purs esprits, le diable devient un tourmenteur en chair et en os de son intérieur, le diable qu'elle appelle plaisamment *Malatasca* (vieille sacoche) — et disant à propos des méchantes choses qui lui arrivent : « N'ayez pas peur, c'est encore un tour de *Malatasca.* »

C'est ainsi que cette femme du quatorzième siècle, tout en travaillant à réconcilier les guelfes et les gibelins, tout en s'efforçant à utiliser, au service d'une croisade, l'humeur batailleuse des *condottieri*, passe sa vie entière dans une vision béatifique, en cet état que saint Bonaventure décrit ainsi : « L'extase est une élévation délicieuse de l'âme, jusqu'à cette source de divin amour, par laquelle elle se sépare de l'homme

extérieur — et où la mémoire, l'intelligence, la volonté
sont englouties en Dieu. »

Dans sa réunion d'autographes, la bibliothèque de
Sienne possède quelques correspondances d'émigrées
françaises, provenant du chevalier de Sarto, attaché à
Mme Adélaïde de France. Il y a toute une correspondance d'une Brissac, la fille du duc de Nivernois, toute
une correspondance d'une comtesse de Letourville, qui
avait établi une fabrique de chapeaux de paille à Florence, en 1800, et lui demandait de faire de la réclame
à sa petite industrie.

Mais de toutes les correspondances, écrites en langue
française, la plus intéressante est celle de la comtesse
Albany. Et je copie cette lettre de la comtesse, sur les
Siennoises et les Florentines de 1800.

. . . . , ...

*« Je n'ai pas plus d'opinion des dames siennoises
que des florentines, qui sont très vulgaires, excepté la
Fabroni, qui est un peu moins ignorante que les
autres, parce qu'elle est avec son mari, qui est une vraie
bibliothèque ambulante. La Fabroni voit aussi des
étrangers, et le peu de gens à Florence qui savent lire.
D'après cela, vous jugerez qu'elle est mieux que les
autres. La Pallavicini est de sa société ; elle est de nouveau, je crois, brouillée avec Titomanni, qu'elle accuse*

d'être froid…. La Venturi est morte avant-hier soir, en compagnie. Elle a voulu être exposée, deux jours, avant que d'aller en terre. Son mari, je crois, a été bien aise d'être délivré de cette femme, qui dans les derniers mois de sa vie, a donné des assauts terribles à son avarice, car elle avait des fantaisies incroyables, jusqu'à faire démeubler sa chambre pour la remeubler. Elle avait cinq ou six lits de toutes les grandeurs…. Cicciaperci se porte mieux, sa goutte se dissipe. Sa femme est terriblement ennuyeuse : elle me dessèche avec ses discours sans nominatifs ni verbes, elle a la fureur de parler…. Ici, la première condition d'un servage est de renoncer à toute occupation, pour se donner à la belle insipide…. J'ai vu la Zendarari, qui est engraissée, mais plus d'un côté que de l'autre; son mari me paraît bien peu de chose…. La Martiani de Pise tourne la tête à toutes les femmes, elles veulent toutes l'imiter, mais malheureusement elles n'ont pas sa bourse….

La fureur est toujours ici, de jouer la comédie. On doit jouer Oreste, la Pallavicini fera Clytemnestre, la Fabroni, Electre, et Fabio, Oreste : ce qui est parfaitement ridicule, car la Fabroni est grosse et grande, et paraît plus la mère, que la Pallavicini. Les Florentines, qui sont des buses, passent leur vie autour d'une table de pharaon à gagner quelques pauls. Je n'ai jamais vu des femmes plus insipides et plus igno-

rantes, elles ne savent pas même faire l'amour avec passion.... On a la manie des spectacles à Florence, et les femmes ne sont bien que dans leurs loges. Elles sont embarrassées en société, et ne savent que dire. »

LE MUSÉE

Un musée contenant les plus curieux spécimens de la peinture byzantine, et où le n° 8, un anonyme, est plutôt un bas-relief coloré qu'un tableau, et où toutes les formes sont saillantes, comme si le peintre, craignant de ne pas trouver un relief suffisant avec la couleur, avait peint sur un léger modelage de mastic, collé sur le panneau de bois.

Parmi ces tableaux des écoles archaïques, il en est quelques-uns de très intéressants, en ce que chez eux commence la lutte des ombres demi-teintées et reflétées avec les ombres solidement noires, et où se rencontre, en même temps, la première origine de la couleur fardée de certains maîtres plus modernes.

Oui, dans des innommés, dans des inconnus, ce sont déjà ces préparations de chairs verdâtres qui, couvertes de glacis roses, ne laissent que des ombres légères et comme transpercées d'une pâle vie intérieure, doucement maquillée, — et en étudiant ce petit torse vert-pomme d'un enfant Jésus, on sent très bien qu'avec les atténuations savantes d'un pinceau plus exercé, plus avancé dans l'art, ce torse mènera aux demi-teintes glauques ou bleutées, et au coloris pastellé ton de pêche, de Simon Memmi.

La rue à Sienne. — Vieilles femmes porteuses d'une quenouille, et qui filent en marchant, les deux mains au-dessus d'un gueux, dont l'anse entoure un de leurs bras. — Étaux de bouchers, ayant sur leur seuil, pareilles à des tapis déroulés, des peaux de bœufs encore saignantes, d'où jaillissent de grandes cornes, et tout autour de leur devanture, de petits agneaux, le ventre rose béant, sous leur toison blanche. — Un écriteau suspendu au milieu de la rue, ainsi qu'un réverbère, sur lequel il y a imprimé :

LA TRAVIATA

ossia

VIOLETTA

in tre atti

del signor cav. Giusep. Verdi

a ore otto e 1/2

Des processions de petits moinillons, à la démarche grave, à la mine espiègle, sous de grands tricornes, sous de longs manteaux, que dépasse la bande d'une soutane violette, et des souliers carrés à boucles. — Des portes de maisons garnies de clous, comme les semelles des souliers de la rue Guérin-Boisseau, et au-

dessus desquelles est un petit tabernacle, surmonté
d'un lanternon et de pots de faïences peintes, contenant
des bouquets fanés. — Un garçonnet en tablier, portant
sur l'épaule une planche, où il y a sept miches de pains
à cuire. — Des chapeaux de paille, attachés extérieure-
ment au premier étage d'une maison, des chapeaux de
paille tout semblables aux chapeaux de paille dont
Daumier coiffe ses pères de famille, dans leurs parties
de natation. — Des fenêtres, où au bout d'un bâton,
sont suspendus de petits drapeaux blancs. — Des
hommes bronzés, dans des houppelandes vert de bouteille, au-dessous desquelles passent des bas blancs et
des souliers jaunes. — Des boutiques, à la façade toute
enguirlandée de *fiaschi*, dans leur treillis de paille.
— Une boutique de barbier, en dehors de laquelle,
sont exposés sur des portoirs, deux bustes de femmes
en carton peint. — Une boutique pleine de poupées
roses et bleues, au-dessus de laquelle une énorme mo-
laire, aux trois racines saignantes, une enseigne de
dentiste, se balance sous une couronne. — Une librairie
qui annonce comme nouveauté :

Discorsi parrochiali
Brevi e famigliari
del dottor Natale Vincenzo Omboni

— Une apothicairerie, où deux garçons coupent de la
pâte de jujube, avec des mains sales, comme des pieds
qui n'ont jamais été lavés. — De terribles chiennes de

boucher, zébrées, tigrées, aux mamelles balayant le
sol. — Une cheminée, où sont peintes à fresque, deux
colombes portant une branche d'olivier. — De longs et
maigres ecclésiastiques, dans de grands manteaux
bleus, à collet de peluche noire remonté jusqu'au nez,
un coude saillant dans l'étoffe en avant de la poitrine,
et qui ressemblent à de cauteleuses
silhouettes de Basile. — Une ouverture
béante, dans laquelle sont entassés
des fagots, et au-dessus de laquelle
se lit : « *Forno delle campane.* » —
Dans la retraite d'un mur lépreux,
de maigres haridelles, réunies comme
pour relai, dans la cour d'une *posada*,
et un postillon, à la veste écarlate,
qui enfourche une de ces rosses, avec
ses grandes bottes, sous une madone
au cierge allumé.

Et une place entourée d'arcades, pa-
vée de briques, une place qui a la
forme et le creux d'une coquille, au fond de laquelle
est un palais rouge, surmonté d'une tour blanche, dont
le cadran de l'horloge est entouré d'amours peints,
supportant les armes de la Toscane.

Au milieu de la place sont exposés en vente : un
paravent à la grossière imagerie trouée en plusieurs
endroits, un cabriolet de voiture, un tableau sans cadre,

une sordide malle de prélat en maroquin rouge, gaufrée d'or, deux ou trois buffets aux serrures disloquées, huit ou dix chaises de paille, au dos desquelles sont pendus des chapelets de gros oignons, et là dedans, des femmes, le visage entoilé de linge blanc, qui, la tête en arrière, le ventre en avant, font de sa saillie, une espèce d'éventaire pour les coqs aux crêtes rouges, qu'elles tiennent contre elles : ces femmes mêlées à des hommes, habillés de couleurs passées, déteintes, rouillées, et portant, sur une hanche, des bassines de *castagnaccio*.

Au fond de la place, un tableau des numéros de la loterie, sortis la dernière fois (68 — 79 — 50 — 24 — 59) : un tableau, dans un cadre jaune, en bas duquel sont deux cornes d'abondance, d'où sortent des pièces d'or et d'argent.

Et encore des rues en échelle, qui semblent des rues, grimpées les unes sur les autres, faisant comme trois étages de maisons superposées, et où la montée des jupes de femmes qui hanchent, de temps en temps, a de longs repos; et des rues en précipice, où l'on voit, comme à vol d'oiseau, de brunâtres toits de tuile, d'où montent des fumées bleues, et des profils lointains d'églises, et des perspectives de façades de briques, tachées d'immondices suintantes, et le long desquels filent, comme des flèches de fer blanc, les petits seaux, descendant du haut des maisons dans les puits.

VITERBE

Dans la rue qui passe sous les fenêtres de la salle à
manger de l'hôtel, un ouragan d'aboiements, dans
lequel marche un homme, ayant à la main un bâton,
de la grosseur de ceux dont s'arment les gorilles, et
qui se retourne de temps en temps, et fait face à tous
les chiens de la rue et des rues voisines, chiens de
toute taille et de toute espèce, dogues et roquets, les
narines rageusement flairantes, et la gueule dévoratrice.

« Qu'est-ce donc cet homme? dis-je au garçon d'hôtel.

— Signore, c'est le bourreau des chiens! »

Le café, en Italie, est un endroit public, où l'on ne
consomme rien.

ROME[1]

Selon le dicton populaire, il existerait à Rome, en ces années, trois Papes : — le Pape blanc, Pie IX : — le Pape rouge, le cardinal Antonelli; — le Pape noir, le général des Jésuites.

La Basilique Julia. A sa place, quelques rares dalles carrées, mangées par l'herbe, et sur celles de ces dalles, qui ne sont pas aujourd'hui les tables du Marché aux poissons juif, un écroulement de morceaux de corniches et de colonnes tronçonnées, montrant en leurs

1. Le morceau sur Rome, je l'avoue, a été bien appauvri par toute la documentation que j'ai tirée de nos notes du carnet, pour la composition de Madame Gervaisais.

cassures, le veinage vert du cipolin ou le veinage san-
guin du porphyre, et des fragments de piédestaux et de
chapiteaux redevenus frustes : des pierres sculptées
qui ne sont plus que des pierres, et chez lesquelles
le temps a effacé le travail de la main de l'homme :
pierres toutes semblables à un tas de pavés sur le
chemin, et qui dévalent au milieu, dans la conduite
éventrée d'un petit aqueduc souterrain, où dans une
eau tristement murmurante, ces pierres amoureusement ciselées, s'arrondissent et se polissent, comme
les galets de la mer.

Le Temple de la Minerve *Chalcidica*, aux trois colonnes encore debout, exfoliées ainsi que des troncs de
platanes à l'automne, et sillonnées de haut en bas
comme d'un coup de foudre, portant à faux le grand
entablement, qui semble trembler sous le poids des
corbeaux qui s'y posent.

La « Voie sacrée ». De la boue jusqu'aux chevilles,
et des sarcophages striés aux têtes de lions, disparaissant dans un tas de trognons de *broccoli*.

Le Campo Vaccino ou le Forum Romanum. — Sur la
litière dorée du maïs, des bœufs gris aux longues
cornes, mâchonnant inquiets, une corne attachée à de
lourds chariots, au milieu de poules que les femmes
chassent à coups de pierre. — C'est ainsi que le Forum
Romanum, comme le faisait remarquer, il y a plus
d'un siècle, le Champenois Grosley, est revenu préci-

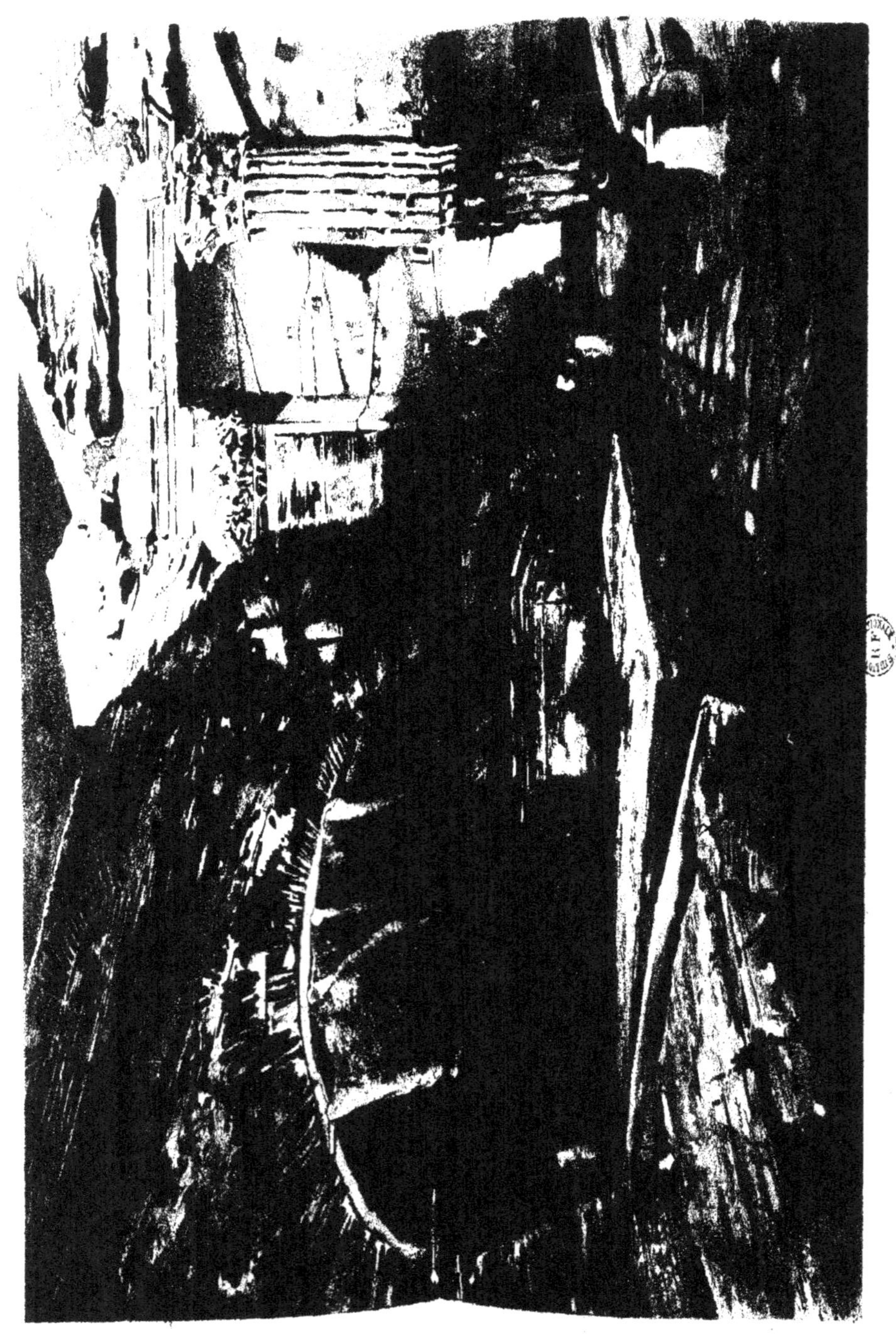

LE MARCHÉ AUX POISSONS, A ROME

sément à l'état où Énée le trouva, en arrivant chez Évandre.

Passimque armenta videbant
Romanoque Foro et lautis mugire Carinis.

Le « PALAIS DES CÉSARS » la *domus aurea* de Néron. — Des arcades de briques rouges, sur lesquelles sont poussés de petits arbres; des voûtes aux cloisons de méchant bois, fermées par des loquets, et qui sont des hangars, des étables, des poulaillers, avec devant un terrain d'immondices, sur lequel se trouvent à cul cinquante charrettes.

L'ARC DE TITUS, à la masse branlante étayée, et dont les jambes des chevaux du char de triomphe sont fauchées, et dont les têtes des porteurs du chandelier à sept branches ont roulé à terre, et dont les Renommées, un pied sur la boule du monde, apparaissent sur le ciel, en leurs formes amenuisées, comme si elles avaient été limées par l'air et le vent de dix-huit siècles.

Au delà de l'Arc de Titus, le grandiose pavé des triomphateurs, ravaudé avec de la pierraille.

La FONTAINE DES GLADIATEURS, *Meta sudans*, jadis toute revêtue de marbre, maintenant plus qu'une motte de vieux moellons.

L'ARC DE CONSTANTIN, ses colonnes de jaune antique déjetées, mal contenues dans des corsets de fer comme pour les bossues, et les Victoires amputées de ce bras,

13

qui inscrivait la gloire des vainqueurs, sur des boucliers d'airain.

Le Colisée. Comme une ronde de danse, tout à coup violemment rompue, et avec un côté des danseurs tombé sur le dos, — tout un côté du Colisée roulé à terre.

Le Temple de Vénus, ce temple autrefois couvert de bronze, à la voûte dorée, a maintenant ses colonnes penchées sur l'abîme des ravines creusées autour de ses fondations, et sous sa grande niche, où se dressait Vénus, aujourd'hui fendue d'un bout à l'autre, — un homme a mis culotte bas.

La Basilique de Constantin n'ayant plus de ses voûtes écroulées que trois gigantesques arceaux, tendus comme des mains, qui chercheraient à se retrouver dans le vide du ciel, entrant par les grandes trouées de ce monument sans dessus, et où, quelques oves ou denticules, dans des restes de coins de plafond, disent un monument écorché, ainsi que le fut le satyre Marsyas, et dont il ne reste que la monstrueuse et grossière armature de briques.

De l'Arc de Titus à l'Arc du Capitole, une rangée de petits arbres malingres, entourés de fagots.

Le Temple de Romulus et de Rémus, dont les vieilles portes de bronze sont raccommodées avec de la ferraille moderne, et où, sur les colonnes de marbre rouge, se voient des lambeaux d'affiches, portant *Offizio della Gloriosa Virgine*.

Le Temple d'Antonin, le temple dédié au *divo Antonino* et à la *divæ Faustinæ*, où une énorme touffe de plante parasite mange la dernière syllabe du nom de l'Impératrice, et où, à ce qui reste du temple, sèchent attachés à des ficelles, les bas gris et les chemises de toile jaune d'une romaine de la *Salara Vecchia*.

La Colonne de Phocas dressant en l'air un chapiteau, découronné de sa statue de bronze doré.

L'Arc de Septime Sévère, l'arc de triomphe élevé à l'occasion de ses victoires sur les Parthes, et où se voit la représentation du bélier, de la machine de guerre de l'antiquité, — cet arc aux sculptures, comme rabotées sur toutes ses arêtes, et ayant dans son marbre pentélique des trous où les hirondelles font leurs nids.

La substruction du *Tabularium* portant le bâtiment jaune aux persiennes grises, du nouveau Capitole.

Le Forum Trajanum, avec sa colonne de vingt pieds, au milieu de trente-neuf autres, réduites à des dix pieds, à des cinq pieds, à des deux pieds, et qui font l'effet des troncs d'une forêt abattue.

Le Temple de Proserpine, devenu une église, qui semble un dépôt de brancards pour porter les morts.

Et partout, sous la maigre verdure de l'herbe, la pierre et le marbre, reperçant, *sourcillant*, si on peut le dire, comme un soulèvement hors la terre, de constructions enterrées.

La beauté des traits de la femme du peuple, à Rome,
a quelque chose de la beauté, qui se voit sur la figure
des mortes. Il y a chez elle, en dehors de la vie brû-
lante des yeux, une curieuse immobilité dans le *facies*,
et leurs ondulants et lents mouvements sont endormis
et somnambuliques, avec le côté un peu effrayant de
l'automatisme des figures de cire.

Oui, elles portent sur elles, et dans leurs traits, —
les belles Romaines du peuple, — l'*inanimation* d'une
tristesse fataliste, qui serait une sorte d'atavisme de
l'ancienne gravité étrusque.

SAINT-PIERRE

Derrière moi, une petite porte à la massive et volante
portière en marbre rouge, au-dessus de laquelle, un
squelette en bronze doré, élève en l'air un sablier, sa
tête de mort voilée, masquée par un pli de pierre de la
portière, — les os desséchés de ses pieds, fuyant dans
l'ombre du dessous de la porte.

Devant moi, à droite, dans la pénombre grisâtre et
froide de la partie de Saint-Pierre, non éclairée à cette
heure, une perspective de pilastres, semblables les uns
aux autres, et dont le premier, aux encadrements de
marbre blanc sur un fond de marbre violet, montre, en
haut et en bas, une colombe portant un rameau, et

au milieu, un buste de pape se détachant sur du
marbre jaune, dans un cadre soutenu par de muscu-

leux amours jordanesques en ronde bosse, et au-dessus
et au-dessous, un autre médaillon représentant la tiare

pontificale sur deux clefs : ces marbres jaunâtres, rou-

geâtres, violacés, ayant des éclairs de poteries vernissées, au milieu desquels le marbre blanc des anges charnus, étale, en la grandeur et l'ampleur de ces petits corps, les gras luisants des porcelaines *pâte tendre*.

Et des pilastres, l'œil monte à ces Vertus assises sur l'arc des voûtes, les pieds dans le vide, et de là au baldaquin, portant en haut de ses quatre arbres de bronze sombre, les quatre anges et la console soutenant la boule du monde, où pose la Croix, et au-dessus du baldaquin,

en le brouillard azuré que met dans la coupole par

les quatre grandes fenêtres, le bleu lumineux du ciel,

se lit écrit en lettres noires, comme sur un ruban
d'or : *Tu es Petrus et super hanc petram ædificabo*.....

Au-dessous, dans le rayon de la fenêtre ensoleillée, la main de bronze vert, d'une statue, à la chape dorée, donnant la bénédiction, et tout au fond, coupé par une colonne de bronze du baldaquin, la colombe symbolique apparaissant sur un transparent jaune, ainsi que sur une topaze brûlée translucide.

Et devant moi, à gauche, en pleine lumière, saint Pierre, sous son dais de velours rouge : — la noire statue, au pouce usé par les baisers du monde entier, — puis, comme de l'autre côté, les riches pilastres aux feuilles d'acanthe, et les hauts arceaux, en dehors desquels se penchent les Vertus, et sous ces arceaux, le dessous des voûtes, toutes décorées d'écussons, d'armoiries, de cénotaphes, peints en marbres de couleur, et parmi lesquels, la lumière blanche qui tombe de la coupole, en descendant dans la basilique, se teint et se colore des reflets de ces marbres, et devient une lumière miroitante de lueurs de pierres précieuses.

Au bas de la colline de la Trinité du Mont, dans cette rue qui va du Collège de la Propagande à la *Via della Chiavica del Bufalo*, et qui s'appelle la *Via di S. Andrea delle Frate*, en face d'un *spaccio di vini di ottima qualità*, et de Domenico Martucci, *cappellajo*, qui a pendu, au-dessus de sa boutique, deux chapeaux en bois rouge de cardinaux, dans cette rue aux maisons de plâtre gris, aux fenêtres garnies, derrière leurs persiennes mangées par la pluie, de rideaux blancs tout jaunes, dans cette rue qui a le caractère de la ruelle d'une ville de nos provinces, où les voitures ne passent pas, au n° 24, est la maison que nous habitons.

La maison, dont la description présente l'intérêt d'un croquis d'une maison bourgeoise de Rome, en 1856, a un puits au fond de la cour, où tous les seaux de la maison descendent et remontent, à toute minute, en grinçant.

Et c'est une antichambre, où est déposé le bois à brûler, avec dessus la canne-tube qui sert à souffler le feu.

Un salon au papier couleur jaune serin, semé de rosaces violettes, avec un pavage de carreaux blancs, sur lequel est jeté un tapis à l'échiquier noir et rouge. Au plafond, qu'une poutre divise en deux, des panneaux jaunes, où courent des guirlandes de volubilis, au milieu desquelles apparaissent des têtes barbues, couronnées d'hippogriffes, dans des arabesques pompéiennes. Au centre, un guéridon au tapis vert, surmonté d'une lampe haute comme la colonne Vendôme, entourée d'échantillons de marbre de Sicile. Trois fauteuils carrés et massifs, recouverts de damas rouge, complètent le mobilier, avec une console en bois rougi, aux pieds tout droits, portant un service à thé en faïence anglaise, aux paysages bleus. J'oubliais sur la cheminée,

que décore une glace se terminant en un fronton de
Temple grec, trois énormes coquillages, appelés vulgai-
rement *pucelages*.

Aux murs, dans des cadres en bois imitant toujours
l'acajou, des aquatintes hideuses, représentant des
scènes du roman de Manzoni, intitulé : I PROMESSI
SPOSI.

Et des chambres, aux lits de fer ayant à leur chevet
de petites Saintes-Vierges, aux commodes en noyer, aux
chaises en paille garnies de coussins en perse, aux caricatures politiques de Pinelli, portant la date de 1830.

Pie IX, sous son air bonhomme, a l'esprit parfois
finement méchant. Au sortir d'une séance avec son
ministre Rossi, on l'entendit dire : « Je sors du cours
du professeur... il vient de me faire une conférence
sur le *possible* et l'*impossible*. »

VILLA PAMPHILE

La villa : l'apparence d'un coffret de Benvenuto Cellini, en argent bruni, avec au-dessus de son toit, dans
le bleu du ciel, de petites statues blanches qui ont l'air
de sentinelles de l'Olympe, au milieu d'arbres noirs
penchés sur des eaux d'indigo, et dans l'entour de

gazons, tout blancs du fleurissement des marguerites.

Et des coins comme celui-ci. Sous des pins-parasols,
sous ces baliveaux joliment violacés de soixante pieds,

et dans leurs ombres remuantes sur les terrains, un
morceau de vieille terrasse, aux balustres ventrus, surmontée de vases cannelés, portant des aloès à la verdure
bleuâtre, et où, de distance en distance, entre les pilastres, un œil-de-bœuf est presque masqué par de grands
camélias en fleurs. Au centre, une petite fontaine,
décorée d'un Amour, porté sur un pavois de marbre
blanc, par quatre faunins, parmi un semis de fleurs
de lys en bronze, plaqué sur la muraille : petite fontaine
entourée d'une petite pelouse, où s'élèvent des pots
bleus, garnis de plantes grasses, et bordée d'entrelacs
de violettes embaumantes, dont les dessins sont pareils
aux dents d'une broderie verte sur le sable jaune.

Je me rappelais ces tigres antiques du Musée de Florence, je me rappelais leur puissante râblure, l'élancement de leurs muscles, le flottement de leur peau élas-
tique sur les os, leurs bâillements d'ennui du désert,
enfin cette représentation en bronze, si réussie, si exacte,
si *nature*. Mais ces animaux de Florence, qu'est ce
auprès de cette panthère du Vatican en marbre, le corps
tout aplati, la tête dressée rugissante, et tous les muscles,
traités en cette matière dure, à la façon de l'ébauche
d'une terre glaise, et cependant ayant une nervosité,
une force, une colère dépassant les plus forts animaliers,
— et encore cet aigle-phénix, les ailes étendues, les

deux serres sur un brasier, dont les flammes lui lèchent
le ventre, l'œil à la fois douloureux et férocisé, le bec
entr'ouvert, et la langue battant furieusement l'intérieur de ce bec.

Est-ce surprenant que ce bel et original art de l'animalité, n'ait point été remis en honneur à la Renaissance, au dix-septième siècle, au dix-huitième siècle,
et qu'il a fallu attendre, pour assister à sa résurrection,
l'ébauchoir et le ciseau de Barye, en ces dernières
années.

Il est à Rome une société protectrice qui manque à
Paris : la Société en faveur des femmes en péril, des
pericolanti.

Une femme est-elle menacée dans sa vertu? elle va
trouver un membre de cette pudique société, et lui dit :
« Je n'ai pas de pain... un *signore* m'offre deux écus
pour coucher avec moi.... Me voici forcée de le faire....
Donnez-moi trois écus, je n'irai pas. »

Le membre de la société lui demande une preuve. La
femme apporte une lettre, un billet. Et les trois écus
donnés, la plupart du temps, la femme va toucher les
deux autres.

Dans une audience, accordée à notre ami et compa-

gnon de voyage Louis Passy, le cardinal Antonelli lui
racontait cette anecdote de jeunesse :

Un jour qu'il se promenait, badaudant dans le Vatican, il se trouva en face la porte de la salle des Archives, qui par hasard était entr'ouverte. Il entre. L'archi-
viste de lui faire mille amabilités, et lui de tourner, de
virer à droite à gauche, de regarder partout. Le lendemain, il avait une audience de Grégoire XVI, et le voilà
qui se met à dire :

« Saint-Père, les carreaux de vos Archives sont en
bien mauvais état.

— Vous êtes entré aux Archives?

— Oui, Saint-Père, la porte était ouverte!

— Mais vous ne savez donc pas que vous êtes excom-
munié?

— Mon Dieu!

— Allons, ne vous troublez pas... Je vous donne pour
pénitence de remettre tous les carreaux qui manquent. »

Dans les armoires de la bibliothèque du Vatican, une
petite curiosité, une poupée antique, ou plutôt l'armature, le squelette en bois de la poupée. Une toute petite
tête, un long torse qui va des épaules au bassin en
s'élargissant, avec une indication du nombril, deux
longs bras figurés par des petits bâtons, deux très longues jambes, au haut desquelles, il y a une échancrure à

la place des os iliaques, et au bout, une ébauche de la
forme du pied. A l'emmanchement de chaque bras, pour
le mouvement et la gesticulation, une vis, à tête sail-
lante, une vis, qui se retrouve à l'emmanchement des
deux cuisses. L'amusant et sug-
gestif bibelot pour l'imagination !

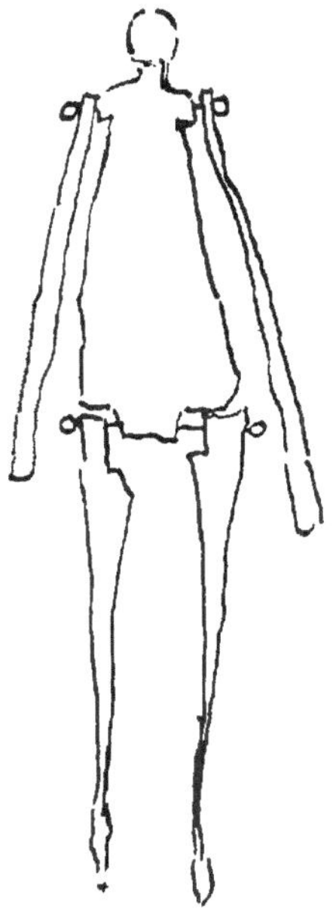

DIMANCHE DES RAMEAUX

.   .   .   .

Pendant que tous, dans Saint-
Pierre, sont debout, les saints
rameaux à la main, présentés
comme les soldats portent les
armes, trois hommes s'approchent
de l'Évangile ouvert, et j'entends
dire autour de moi :

« Voyez, celui qui a des lunettes,
c'est la *taille*, — il chante le
texte…. Le grand, c'est la *basse-
taille*, qui fait Jésus-Christ…. Le
petit, la *haute-contre*, qui est comme bossu, et qu'on
appelle la *servante*… celui-là fait les philistins, les
gentils…. Quant au chœur des juifs, quant à la
tourbe.., ce sont ceux qui sont là-bas, derrière le gril-
lage doré… oui, oui, ils ne sont plus que deux…

maintenant, vous savez, il y a la peine de l'excommu-
nication....

Et commence alors, cet admirable et douloureux
opéra de la Passion de Jésus-Christ : — le drame
lyrique le plus émouvant de tous ceux qui ont été
représentés sur aucun théâtre du monde, — joué,
dramatisé, chanté par ces cinq voix.

La voix de la taille disant le solennel récitatif.

La voix du Christ : une voix comme roulant d'écho
en écho, dans le lointain des montagnes ; un chant
large et balancé, ayant quelque chose du bercement
triste d'un enfant malade ; des notes au plaintif plane-
ment au-dessus de la terre ; une mélodie trémolante.
où les dernières syllabes de mots de douleur, longtemps
suspendues sur les lèvres du chanteur, s'exhalent dans
de murmurants soupirs ; des vocalises angoisseuses. où
se traduit l'humaine défaillance d'un Dieu.

La voix du gentil, du pharisien, la voix de la haute-
contre : une voix caricaturale, un fausset supra-aigu,
un organe muant comiquement, un chant de coq fêlé.
— et que la large voix du Christ enterre sous sa basse
profonde.

Et les voix de la foule juive, les voix de la tourbe,
rendues par les voix colères, les voix assassines des
castrats[1].

---

1. Ici je donne le premier travail du dimanche des Rameaux,

La semaine qui précède Pâques, dans les théâtres de Rome, le curé de la paroisse vient faire la *lista delle anime*, le recensement des âmes.

Il entre pendant une répétition, pour coucher sur son livre les futures communiantes et les futurs communiants, parmi lesquels ne seront oubliés ni le souffleur, ni l'allumeur de quinquets : cela au milieu du tourbillonnement des danseuses, qui se précipitent pour lui embrasser la main, en l'appelant tendrement : *Padre curato*. Et lui de dire : « Ne vous dérangez pas », et de dresser sa « liste des âmes », tout en assistant au pas voluptueux d'un ballet.

Au-dessous d'une statue de femme de marbre blanc, le cœur entouré de rayons d'or, au-dessous d'un écusson portant le nom de Juliana Falconieri, à l'heure de cinq heures, où dans la demi-nuit crépusculaire descendue dans Saint-Pierre, se détache le Christ voilé de crêpe, sur un trône élevé de quatre marches, siège enveloppé de son manteau, le grand Pénitencier, auquel le pape a donné droit d'absolution pour les cas réservés, pour les crimes, pour le sang versé.

Et un jour, et à cette heure de la Semaine Sainte,

de Madame Gervaisais, ne voulant donner que ce morceau parmi tous les morceaux employés dans ce roman, et qui font la pauvreté de cette description de Rome.

Hébert, le peintre, a vu un Calabrais, porteur d'un fusil, déposer ce fusil au pied du trône, entrer sous le vaste manteau du grand pénitencier. Là-dessous, pendant une demi-heure, des sanglots étouffés, secouant le pan du manteau, sous lequel l'homme était caché, comme des vagues faites au théâtre par des sauteries d'hommes.

Puis l'assassin, sorti absous, alla attacher son fusil homicide à la chapelle de la Vierge.

Nous étions le Vendredi-Saint. Je me promenais dans le Ghetto, à la porte seulement entrebâillée. C'étaient des rues sans peuple, des carrefours sans passants, où, çà et là, un tas de fumier de chiffons, un pêle-mêle de débris de toutes choses, un je ne sais quoi indevinable, d'où sortaient des savates et des peignes édentés de femmes, montait contre une maison, ou barrait une ruelle de son amoncellement.

Les boutiques, aux serrures énormes et barbares, aux triples cadenassements forgés par le moyen âge, étaient à demi fermées, et comme en défiance.

Et tout le bruit vivant du Ghetto, ce jour-là, était dans la *Via Reginella*, le bruit de l'eau qui tombait, au-dessous d'un chandelier à sept branches, de la plaque d'une petite fontaine de marbre.

Cependant, à mesure que j'allais, le silence me sem-

blait chuchoter, je percevais un murmure de voix,
tapi derrière ces boutiques, aux volets desquelles étaient
accrochées des soies de vieux parapluies, en paquets.
Des lueurs, par instants, couraient à travers les té-
nèbres rousses de ces arrière fonds entrevus; et commençaient à se dessiner vaguement des apparences de
rayons, ployant sous des étoffes déteintes, et des fumées de cuisines hâtives, bouillant dans des poteries
égueulées.

Peu à peu, mes yeux s'habituant à voir dans l'obscu-
rité, j'apercevais de vieilles femmes, bossuées, ramas-
sées, aplaties, comme si le Temps pesait sur leurs
épaules, de vieilles femmes au profil de vieilles chèvres,
sous un serre-tête noir, tripotant, de leurs sèches phalanges, de la friperie au faux clinquant; j'apercevais
des hommes, dans la pourriture des choses qui les
entourait, épluchant des papiers peints, arrachés à de
vieux murs.

Louis Passy, qui voulait bien être le comptable de
notre ménage à trois, le jour du dimanche des Rameaux, se trompait, et donnait au garçon de chez
Lepre, une pièce d'or, au lieu d'une pièce de vingt
sous.

Le lendemain, il demandait au garçon, s'il n'avait
pas trouvé, en faisant son compte, une pièce de vingt

francs de trop, dans l'argent qu'il avait dû recevoir. « C'est possible, et je le croirais même..., mais je veux revoir mon compte », répondait le garçon.

Deux ou trois jours après, nouvelle interrogation de Passy, et réponse beaucoup moins affirmative du garçon, prétextant que l'affluence des dîneurs, pendant la Semaine Sainte, l'empêche de vérifier son compte, mais qu'après Pâques....

Enfin, nous redînons le lendemain de Pâques, chez Lepre. A une nouvelle demande de Louis Passy, une réponse presque insolente du garçon, disant qu'il ne sait vraiment pas ce que ce monsieur français veut dire avec sa pièce de vingt francs.

« Oui, je comprends, — fait mon frère, — il a reçu hier l'absolution de son vol. »

VILLA BORGHÈSE

Des cyprès centenaires, avec les mille fusées de leurs branchettes montant en l'air, couchées l'une contre l'autre, sur le vieux cœur de l'arbre, d'où jaillissent des lézards, qui filent comme les éclairs verts d'une lumière électrique; des *leccio* des chênes verts, à la lumière grésillante sur leur feuillage grêle et serré, et comme piqué, à coups d'épingle, de lapis par le bleu translucide du ciel, des *leccio* aux troncs trapus, ra-

massés, épatés sur le sol, et où, à travers leur colon-
nade tourmentée et pressée, une bande de gazon, vert
comme du velours, semble attendre la sieste d'une
bacchante.

Et dans des prés, où des vaches noires au museau
blanc, couchées sur l'herbe, la queue repliée, leur
grande ombre devant elle, ruminent dans leur éternelle
pose de sphinx, ici, les gradins ruinés d'un petit cirque,
là, des eaux noirâtres dans une blanche cuve de marbre
blanc, plus loin un tombeau antique, sur lequel se
penche un rosier aux roses effeuillées, et partout sur le
sable roussâtre, l'ombre passante, à tout moment, des
corbeaux volant.

Une verdure dense, que ni le vent ni la brise ne
remuent, ne font bouger, et un paysage auquel une certaine immobilité du décor, avec son immuable soleil,
qui semble arrêté et fixé par un Josué, donne une tristesse intraduisible.

Ces Noces Aldobrandines, la plus étonnante révélation
de la peinture antique, la plus savante et la plus heureuse exposition des attitudes de la femme, et où Pru-
dhon a puisé l'inspiration de la grâce de ses tableaux.

Et voici d'après un texte latin, imprimé au bas de
deux planches gravées[1], la description de ces *Noces*

1. Ces deux planches, gravées avec quelques changements dans

Aldobrandines, donnant la mise en scène du mariage antique.

La nouvelle mariée est assise sur le lit conjugal. Dévoilée de son *flammeum*, mais le corps tout entier, par pudeur, recouvert d'une draperie blanchâtre. Les yeux baissés elle se désole et pleure sur la virginité qu'elle va perdre. Sous ses pieds est posé, comme d'habitude, un escabeau d'or, et resplendit aussi l'or des montants du lit nuptial.

Une *pronuba* (sorte de demoiselle d'honneur), couronnée du myrte de Vénus, embrasse la jeune épousée, et avec de caressantes paroles la persuade de ne plus pleurer, de ne pas craindre l'approche de l'homme.

Le marié, couronné de lierre, la plante symbolique du

le texte explicatif, ont été publiées à Rome : la plus grande planche d'un format in-folio, sous le titre général : AGLI AMATORI DELLE BELLE ARTE ET DELLA ANTICHITA. Elle porte dans la marge : *Francesco Smigliewieg Pit. Polaco disegno — Marco Carloni Romano dipense e incise*. L'adresse c'est : *Presso Ludovico Mirri, mercanto di Quadri incontro al palazzo Bernini a Roma*. La plus petite planche, d'un format in-quarto, fait partie d'un volume, qui a pour titre : PICTURÆ ANTIQUÆ CRYPTARUM ROMANARUM, *Romæ*, 1791, *apud Lazarinos*.

La légende de ces deux répétitions de la peinture conservée dans une chambre du Vatican est : « Image d'une antique peinture représentant la nouvelle mariée, extraite, il y a à peu près cent ans, des ruines d'un jardin, sur le mont Esquilin ».

La date exacte de la découverte de cette peinture serait l'année 1609. Elle a été achetée par Pie VII au cardinal Aldobrandini, 10 000 scudi.

mariage, est étendu tout nu, sur le pied du lit, atten-

dant l'épousée, comme dans le chant nuptial de Catulle·.

Aspice intus ut accubans.

L'*acquariola* (la porteuse d'eau) verse l'eau froide d'un vase dans l'eau chaude d'un bassin pour l'attiédir, afin qu'avant le coucher de la mariée elle se présente nette et pure aux caresses de son mari.

Une seconde *pronuba*, appuyée à un stèle, dans la main gauche une soucoupe, dans la main droite une burette d'huile ou d'onguent, prépare le liniment dont elle s'apprête à oindre la vierge, d'après les rites de Junon, la déesse aux onctions. A son cou pend un collier aux pendeloques d'or, et des bracelets entourent ses bras.

Une servante apporte la tablette, où sont consignés les articles du contrat.

Une poétesse, un diadème sur la tête, chante sur la lyre un épithalame.

Une joueuse de cythare, couronnée de grelots, dans sa tunique traînante à longues manches, touche les cordes de son instrument, en esquissant un pas de danse.

Puis maintenant, voilà ces Noces Aldobrandines d'après le *crepi* original, exposé dans une chambre du Vatican.

Voilà la nouvelle mariée dans son bel et rigide enveloppement blanc, sur le lit aux coussins verts, où flotte jetée dessus une draperie jaune.

Voilà l'époux, le torse un peu soulevé et appuyé sur une main jetée derrière lui, au rebord du lit, dans une molle pose d'attente, une draperie violette, jetée entre ses jambes, sur la nudité du bas de son corps.

Voilà l'*acquariola*, avec l'ondoyant serpentement de son dos, sous la tunique tombée d'une de ses épaules, une bandelette rouge dans ses cheveux.

Voilà la *pronuba*, préparant le liniment, dans cette pose penchée sur le stèle qui hanche si joliment; la *pronuba* à l'élégant torse nu, contre lequel a coulé et s'est arrêtée au ventre, une draperie vert d'eau.

Voilà la chanteuse d'épithalame, au diadème de blés, comme mouvants et balancés par le vent, au voluptueux charme de cette main au bout d'un bras nu, replié sur un sein, sous la *palla* mauve, qui l'enveloppe jusqu'aux pieds.

Voilà la cythariste, en le coquet renversement de son corps en arrière, dans sa tunique blanche, à la ceinture rouge.

Au fond les trois attitudes de femmes, affectionnées par l'art antique, les trois attitudes réunissant le mieux le balancement et la pondération rythmique des mouvements féminins, les trois attitudes revenant le plus souvent sur les sarcophages, et qui sont : 1° La femme vue de dos de trois quarts, la tête, au profil perdu, tournée à droite, et les jambes y allant comme entraînées par un courant d'eau, une femme qui a un peu du contournement d'un C; 2° la femme de face, la tête de profil à droite, les deux bras étendus à la hauteur des seins, le bassin un peu porté à gauche, la jambe droite

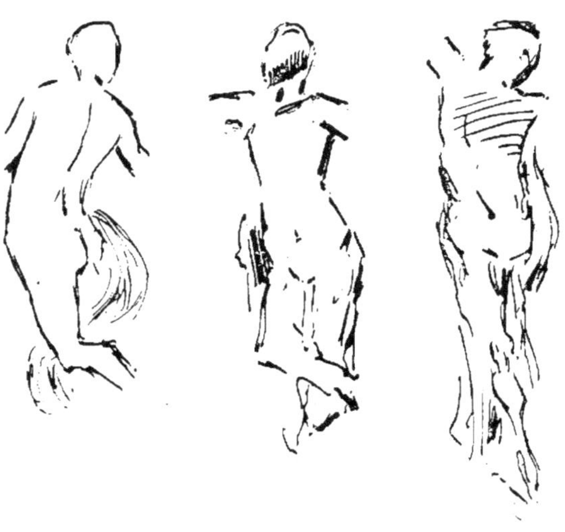

relevée et croisée dans un équilibrement de grâce, au-dessous du genou de la jambe gauche; 3° la femme, la tête complètement abaissée à gauche, le bras droit tendu à droite plus haut que la tête, le bras gauche descendu le long de son corps, dont les jambes, serrées l'une contre l'autre, filent dans des lignes à la dérive vers la gauche.

MEURTRE DE ROSSI

Le matin, le pape parlait au comte Rossi de bruits menaçants pour sa vie, Rossi lui répondait : « J'ai vu les Français en révolution…. Qui a vu ce peuple-là, dans ces moments, n'a pas peur des autres peuples… n'a pas peur des Romains, » — et s'agenouillant aux pieds du pape, lui disait :

« Saint-Père, donnez-moi votre bénédiction. »

.   .   .   .

Aux portes du palais de la Chancellerie, où un médaillon en camaïeu représentait le Pape accordant la Constitution, la foule était immense, et la voiture du ministre avait peine à passer. La voiture arrivée sous le péristyle, Rossi en descend, son portefeuille sous le bras.

Or, dans cette foule attendant là, il y avait au moins une trentaine d'hommes sachant tuer un cochon, et l'un de ces hommes avait dit à un autre, la veille : « Moi, je me mettrai à gauche avec mon couteau, toi, tu te mettras à droite avec ton bâton…. Tu frapperas sa jambe droite, ainsi comme cela… et quand il se retournera de ton côté pour te voir, je lui mettrai dans son cou tendu mon couteau tout entier, ainsi comme cela. »

Et les lèvres muettes de tout ce monde, qui était dans

le secret de ce qui allait se passer : les lèvres des femmes penchées sur les balcons, les lèvres des enfants perchés sur les toits, disaient au couteau de l'homme de la foule : « Qu'il soit tué ! qu'il soit tué ! qu'il soit tué ! »

Quand le comte vit les yeux de toute cette plèbe, derrière la haie des soldats, de cette plèbe contre le petit mur du palais, de cette plèbe aux pieds des vieilles colonnes du temple de Pompée, il laissa échapper à voix basse : *Fiat voluntas,* — et résigné et droit dans sa grande taille, et portant haut sa belle tête décharnée, il s'avança, le regard dédaigneux.

Un bâton frappa sa jambe droite, et lorsqu'il se retourna pour voir celui qui l'avait frappé, un couteau entra tout entier dans la gauche de son cou. Et le sang jaillit de la carotide, souffletant les soldats au visage, et passant par-dessus leurs têtes, alla rougir la fausse petite porte, tout nouvellement rebadigeonnée.

Dans la foule, ni un cri, ni une parole, pendant que l'ensanglanté tirait de sa poche un mouchoir, dont il boucha le trou du couteau, puis se remettant à marcher.... Il marcha un pas, deux pas.... Le silence avait quelque chose d'effrayant.... Les regards attendaient.... Le comte marcha encore deux pas, au milieu de tous ces yeux qui comptaient les minutes de sa vie.... Puis encore, il monta trois marches du petit escalier à la rampe de bois, les jambes fermes, les papiers d'État serrés plus fort contre sa poitrine.

Cependant les yeux du peuple qui le regardaien
monter, commençaient à s'impatienter. Vingt-deux
marches étaient devant lui. Il continua à monter, mais
la seconde marche, il la monta plus lentement que la
première, la troisième plus lentement que la seconde,
la quatrième plus lentement que la troisième.

Alors de lèvres en lèvres, d'abord un murmure alla
disant : « Le cochon est égorgé ! » puis des voix : « Le
cochon est égorgé ! » enfin mille cris : « Le cochon est
égorgé ! »

Le comte Rossi montait toujours, dans les voix, dans
les cris, dans les vociférations, plus lent à chaque
marche. A la vingt-quatrième marche, il vacilla, couvé
par tous les regards de la place. A la vingt-cinquième
marche, il tomba sur le palier, la face contre terre, en
poussant un profond soupir.

Une croyance populaire. La statue de Marc-Aurèle,
au dire des gens du peuple, serait en train de se redo-
rer : — quand elle le sera complètement, — Rome
périra et le monde avec elle.

NAPLES [1]

Dans la baie bleue, aux échos sonores répétant les batteries de tambours du château de l'Œuf, dans le port tout plein de bâtiments aux mâts jaunes, à la carène rouge, soudain aux flancs de notre bateau à vapeur immobile, une musique sur une barque est venue s'accrocher : une musique folle, vive, et gesticulante et dansante.

Au milieu de la barque d'harmonie, que de petites

1. Voici, retrouvé par hasard, un autre morceau de ce livre : L'ITALIE LA NUIT, de ce livre que nous avons brûlé, sauf *Venise* et une centaine de lignes, dans IDÉES ET SENSATIONS.

Pour les curieux de la fabrication littéraire d'un auteur quelconque, nous donnons, à la suite de ce morceau, le *scenario* sur lequel nous voulions écrire Naples. Cela fait bien voir toute l'évolution qui s'est produite dans nos esprits, pendant le cours de notre voyage en Italie : d'abord, dans le nord, de longues notes toutes réelles ; à Rome, un commencement d'enguirlandement du *d'après nature* ; à Naples, des notes, toutes brèves et prises seulement sur les êtres et les choses, pouvant fournir une série de paragraphes, poétiques, idéaux.

vagues courtes berçaient, en clapotant, se tenait debout
un vieil homme, coiffé d'un chapeau de pitre, dont les
deux coins, rabattus sur les oreilles, se balançaient de
droite et de gauche, suivant le rythme, sur sa face qui
n'était que rides et grimaces. Comme on bat le beurre,
il battait d'une main preste, avec un petit bâton allant
et venant, les musiques dormantes, ronflantes et gar-
gouillantes dans une baratte de fer-blanc, sous son bras
gauche. Et selon l'ondulation de la vague et l'air de la
chanson, il pliait et se relevait sur ses jambes, roulant
béatiquement les prunelles, retenant ou précipitant la
mesure, son immense nez incliné sur le *putipu*, aux
borborygmes tapageurs.

Le vieux musicien avait pour acolytes deux aveugles
aux yeux semblables à des blancs d'œuf glaireux sur
un plat de faïence, et bridés par des paupières sangui-
nolentes, et sur lesquels couraient de gros morceaux
de sourcils qui ne se rejoignaient pas. L'un trompettait
dans un cornet à piston vert-de-grisé, comme on en voit
à la devanture de marchands d'habits, l'autre tirait
d'une flûte cinq ou six notes lamentablement fausses.

Puis les aveugles chantaient :

« J'ai vu une fille qui est une chose très gracieuse,
joliment parée avec un grain de caprice. Oh! quel
sucre! Quel beau visage! quel doux sourire! Tu es en
paradis, quand tu es près d'elle.

« Qu'elle est belle et quel bon morceau! Un gracieux

petit visage tout blanc. Elle se nomme *Carolina.* Oh!
quel sucre pour moi! »

Et après un *couic,* les aveugles reprenaient :

« Carolina, que tu es belle avec ta moue de cerise!
Que t'ai-je fait, moi pauvret, que tu me fasses tant
souffrir? Mon père disait bien : Ah! quel malheur que
l'amour! »

Et ce petit poème d'amour, et ces galantes paroles
qui font penser à une canzonette de troubadour, et
cette *musiquette* si joliment soupirante, et où passe
comme la brise parfumée de la côte napolitaine sur le
bleu de sa mer : paroles chantantes, musiquette, petit
poème, s'envolaient, estropiés et boiteux, meurtris et
flétris, de ces bouches égueulées, dont le sourire s'ouvrait comme une plaie — tandis que le joueur de *putipu,*
foulant et refoulant plus vivement les crépitements de
sa baratte, et grimaçant de toute la sale peau parche-
minée de sa vieille figure, dans une barbe jaune, accom-
pagnait le chant des aveugles avec les *coui coui,* les
boui boui, les *riri riri* d'une pratique de polichinelle
faussée.

1. *La* Carolina *et le joueur de* putipu.

2. *Une fenêtre qui a pour store : Amphitrite chan-
geant de robes.*

... Robe couleur vert d'émail chinois ; robe couleur bleu tendre
de fleur de lin ; robe couleur ventre de sardine ; robe, robe....
Robes aux colorations d'habitude de la mer de là-bas.

3. *Le vin de Falerne et la gaieté d'Horace.*

.   .   .   .

4. *Les petits bronzes du Museo Borbonico.*

... L'idée prêtée par la main de l'homme à toutes les choses de
son entour, de son service, de son besoin. — Rien de méprisé par
l'art. — Dans l'usuel, l'alliance d'une poésie de forme avec la
commodité. — La matière, non plus employée par l'homme pour
son utilité, mais soumise à son agrément, et chantant son goût
in minimis. — Tout cela tué par le progrès, par l'industrie, etc.
— La machine s'interposant entre l'homme et la matière, ne laissant plus, entre le travail de l'un et les malléabilités de l'autre, la
communion complète, d'où sort ce travail artistique qui descend
des murs du salon aux casseroles de la cuisine.... Un petit candélabre, qu'on dirait un candélabre modelé par Clodion....

5. *Jeanne de Naples, se mettant dans une jument de carton, pour abuser des chevaux.*

... Le trio de Théodora, de Messaline, de Jeanne.

6. *Le tirage de la loterie.*

Une grande salle, aux restes effacés de vieilles fresques sur les
murs de plâtre. Trois statues : la Vérité avec son miroir, la Justice
avec ses balances, la Charité entourée d'enfants.... Employer l'expression : *un peuple qui mendie le hasard....* Tous les samedis,
cinq heures sonnantes, tirage de la loterie à la *Vicaria* (la Prison),
tirage de la *buon afficiata* (de la bonne aventure)... lire les ouvrages spéciaux sur la loterie, imprimés à Naples pour le peuple.

7. *Le mariage de Louis-Philippe.*

. . . .

C'est le comte Brenier, l'ambassadeur de France, qui parle : « Le
roi Louis-Philippe me racontait ainsi son mariage. Le duc de Berri
était venu à Palerme pour épouser la fille de Marie-Caroline. La
reine, qui était en rapport avec une maquerelle illustre, apprit que
le duc de Berri était « très mal monté » et avec cela très libertin.
Là-dessus, un jour que je montais l'escalier du palais, un officier
me remet un placet, en me disant : « Vous êtes très aimé de la
reine, voudriez-vous lui remettre ceci ?» Je remets le placet à la
reine, qui, sans paraître y mettre d'intention, laisse tomber: «Ah !
« cet officier, il a deux très jolies sœurs, vous devriez les voir.... »
J'apprends effectivement que cet officier avait deux très jolies
sœurs, qui étaient de vraies putains — mais qui se vendaient très
cher.... J'avais très peu d'argent dans le moment. Je ne me fis pas
présenter. Six mois se passèrent, au bout de quoi la reine me dit :
« Votre épreuve est terminée, vous êtes un Bourbon, vous êtes
« sage, vous me semblez fait pour rendre ma fille heureuse ! »

8. *Les caleçons verts des danseuses de San Carlo.*

Rechercher historiquement et scientifiquement la raison du
choix de cette couleur aux derrières des *ballerine*, et prouver que
c'est pour la conservation de la vue des vieux abonnés du théâtre.

9. *Horloge de la matinée.*

À l'aube, le cri des vendeurs d'eau-de-vie, coiffés d'une casquette
de loutre par-dessus un mouchoir noué autour de la tête, criant,
et l'eau-de-vie et le restant des vieux sorbets de tous les cafés de
la ville, mélangés à une dose de cannelle, sous le nom de *stomatica*
ou *ammennola amara*.

À 6 heures du matin, les *caldalesse* (châtaignes bouillies) et les
succiole, et le cri des vendeurs de petits pains aux raisins secs.

A 7 heures, le cri du vacher remplissant le verre de la servante du lait de sa vache, qu'il trait devant la porte, et le *chia chia* du chevrier rassemblant ses chèvres dans la rue.

A 8 heures, le cri des vendeurs de viande, d'herbages, de fruits.

A 9 heures, le cri des vendeuses d'œufs.

A 10 heures, le cri rauque du marinier de Portici, qui apporte le beurre de Sorrente.

A 11 heures, les vendeurs de *ricotta* (fromages de brebis).

A midi, vocifération, à toute gueule, de tous ces vendeurs criant le restant de leurs marchandises.

10. *Les autochtones pas assez riches pour substituer un nez d'argent à un nez absent, et remplaçant le nez d'argent par un morceau de journal, par l'imprimé d'un fait divers.*

.   .   .   .

11. *La plage de Portici.*

Une plage disparaissant sous les pelures de citron. — Au second plan, des bâtisses aux tuiles vernissées, aux balcons enrubannés de loques multicolores. — Au premier plan, comme des treilles de filets bruns, couleur de tan, qui sèchent au soleil, et devant, un tas de petites filles, dont les mères nouent les cheveux désordonnés avec un bout de ficelle. Dominant le paysage, sur le bleu implacable du ciel, le fauve Vésuve surmonté d'une fumée lourde, semblable à une grosse sangsue, gorgée de sang noir.

12. *Un ingénieur anglais marchandant aux Cyclopes du Vésuve la force du million de chevaux de la vapeur du volcan.*

.   .   .   .

13. *Un après-midi à Pompéi.*

Dans cet après-midi, il faudra mettre en relief la contradiction
des mœurs anciennes et des mœurs modernes.... Exemple, le
tombeau, élevé par des clients reconnaissants à une *procureuse*
célèbre.

14. *Description d'un logis antique.*

... Ne pas oublier le *scrinium* (l'endroit où se conservaient les
manuscrits) et le *venereum* privé.

15. *L'enterrement d'un enfant.*

Voiture pour porter les enfants en terre. Deux chevaux noirs.
pour cocher, un lazzarone assis sur une housse rouge. Train et
roues jaunes. Caisse verte chargée de cuivres. La voiture terminée en baldaquin, avec des plumets bleus et blancs aux quatre
coins. Sur l'arrière-train, une estrade qui porte un petit sarco-
phage blanc et rouge, auquel sont attachées quatre lanternes.
L'estrade fait balcon des deux côtés, et de chaque côté sont deux
petits chérubins roses, coiffés d'une toque à la polonaise rouge,
en surplis blanc. Un prêtre dans la voiture.

Autour de la voiture du petit mort, des gamins qui font la roue,
jetant au dessus de leur tête, leurs pieds à la couleur du bronze
florentin. D'autres petits garçons assis par terre, leurs talons
entre les mains, et appuyés dos à dos, et les têtes se touchant et
n'ayant pour unique coiffure à elles deux, qu'un sac, semblable au
capuchon d'Hercule enfant... et regardant avec une immobilité de
gentils hermès à deux faces. Et s'avançant pour voir, des petites
filles, le ventre saillant, la tête un peu renversée en arrière, les
bras collés au corps, pareilles à des statuettes d'Isis.

16. *Antonio Petito, et Altavilla, le grime comique de San Carlino.*

... « Quand je suis triste, dit Altavilla, je me mets sur mon lit
et je vois des filles, des carrosses!... » Il a vingt ducats par

mois.... Et ne pas oublier de célébrer l'illustre *pulcinelle* : Antonio Petito, représenté dans le croquis de mon frère.

17. *Galiani, et sa doctrine féroce d'égoïsme à propos des esclaves romains, des nègres, opposée au sentimentalisme moderne dans la politique.*

. . . .

18. *Silhouette du* guappo.

Le type vivant du fanfaron du théâtre italien, mâtiné du type « du beau Marseillais ». Il porte une *giacca sbottonata*, et une *coppola* avec galon d'or. Il a les cheveux taillés courts sur l'occiput, longs sur le devant de la tête, et tournés et roulés sur les tempes à la façon des anciens *bravi*, ou bien tombant, selon une expression napolitaine, comme « un bouquet de pois »…. Toujours une mimique annonçant une terrible entreprise, et toujours des paroles pareilles à celles-ci : « Je suis connu. j'ai fait *couler des lacs de sang* dans mon quartier…. »

19. *Les papyrus d'Herculanum.*

Dans une petite armoire portative, deux faveurs vertes roulant sur des bâtons, comme un écheveau de fil que dévideraient des mains invisibles de femmes. En bas, le *volumen* qui semble un gros charbon, et où il y a des nœuds comme aux tiges de bambous, — le *volumen* reposant sur un lit de ouate. Le déchiffreur applique sur les deux faveurs des morceaux de baudruche, qu'on enduit de colle, et sur lesquels il déroule lentement le manuscrit calciné, en remontant les faveurs, qui glissent sur les bâtons mobiles.

20. *La tarentelle.*

Peindre la petite fille loqueteuse, que nous avons vue à Baïa… et qui dansait avec des yeux de fièvre, dans un rayon de soleil.

21. *La religion en figures de cire.*

Dans une église, la Sainte-Vierge, grandeur nature. — Bois

peint, habillé d'une robe de mérinos noir, à manchettes de dentelle de coton. De la main gauche, elle élève au ciel un joli mou-

choir brodé, et elle a, plongée dans la poitrine, une épée à la poignée d'or, une épée de ténor de province.

22. *Une veuve qui s'est retiré* le blanc de l'œil, *pour donner à vivre à son fils.*

Morceau à trouver sur la langue imagée du pays.

23. *Porta Capuana. Imbrecciata.*

De ce quartier muré de la prostitution à Naples, mon frère et moi nous avons fait, d'après les notes de ce paragraphe, une quarantaine de lignes dans IDÉES ET SENSATIONS, mais nous n'avons osé donner toute l'horreur du lieu, l'horreur de ce quartier-lupanar, où les femmes, accotées à des bornes, se donnaient sans pudeur, des injections, en pleine rue, et où nous étions suivis par une troupe de femelles aux yeux inquiétants, aux gestes de folles de la Salpêtrière, nous criant : « Due soldi, lo c.... Tre soldi, lo c.... »

24. *La campagne de Sorrente.*

Campagne anormale; et qui étonne à la façon d'une nature artificielle, avec son embuissonnement de roses autour de l'arbre fruitier, avec ces vergers d'orangers et de citronniers, où s'entrevoient des croupes de vaches, toutes semées de pétales de leurs blanches fleurs, et où l'instrument aratoire, la charrue abandonnée dans le champ, est mêlée à un décor d'opéra, à une cantonade poétique.

25. *La poésie bucolique de Virgile engendrée par les environs de Naples.*

.   .   .   .

26. *Les heures* lazzarone.

Belles heures volantes, aux draperies battues du vent de la mer
et nouées d'une main molle.... Belles heures qui bercez la vie de
visions d'azur et d'harmonies enchantées.

Heures d'or, heures de soleil, heures de midi, flagellées de
clarté, et qui jetez le temps par-dessus votre épaule, sans regarder.

Heures qui guérissez de l'existence réelle, heures d'oubli et
d'incurie, tombant goutte à goutte sur le cœur, ainsi que la répétition d'un humide baiser qui ne finit pas.

Heures, heures d'une seconde, vides et pleines d'un bonheur
ailé, et où il n'y a plus dans votre tête que des apparences de
rêves, des nuages d'idées.

Heures chatouillantes, qui flattez, comme de caresses, le dos des
lézards et le front des poëtes.

Heures, où l'homme se fond dans la mer et le ciel, dans la brise
et la vague. Heures où l'homme, débarrassé de la matière de son
être, s'évanouit et s'incorpore dans le décor de lumière qui l'enveloppe.

27. *Harangue du vieux Ferdinand à son peuple.*

Le roi Ferdinand, du haut du balcon de son palais, se dispo-
sant à parler à son peuple, et manquant tout à coup de mémoire,
au moment où midi allait sonner, se mettait à frapper de sa main
sur son derrière : « Une, deux, trois, quatre, cinq. . dix... douze !»
et finissait sa harangue : « *E tempo di mangiar maccheroni!* » Jamais harangue royale ne déchaîna, en aucun lieu de la terre, de
tels applaudissements....

28. *Finale.* — Pulcinelleria *universelle de toute la population napolitaine, costumée en polichinelles, et qui brandit des marottes en pâte d'Italie, en demandant la* buona mano *aux* foresteri.

VENISE LA NUIT

RÊVE

VENISE LA NUIT[1]

RÊVE

. . . .

*Fils de prêtre! Hibou! gros âne! mécréant de
Rhodes! Pharaon!... Cousin de mon chien!... Estra-
diot!... Babouin!... Grand pain perdu!... Barbe couleur de Caïn!... Échine à bâton!... Homme sans chemise!... Marionnette de pilori!... Huissier du diable!
la gratelle te mange!... Figure de la noce des pen-*

---

1. *Le grand morceau littéraire, publié dans les numéros de* L'Artiste *des 2 et 10 mai 1857, à la suite de notre voyage d'Italie
(1855-1856) : un fragment d'une Italie peinte, ainsi qu'en un rêve,
dans une prose poétique, — d'une Italie que nous intitulions* L'Italie
la nuit. *Le livre presque terminé, avons-nous déjà dit, a été brûlé
par nous, comme une conception trop lyrique et trop excentrique,
et sauf un autre petit morceau sur Naples, donné à un journal
italien, il n'a été publié de ce livre détruit que la* Venise la nuit,
*dont précédemment nous avions détaché « l'Enterrement de Wat-
teau » imprimé dans* Idées et Sensations.

dus !... *Écosse-fèves !... Gradasse !...* Don Squac-
quera !...

Ce que c'est que de sauter par une fenêtre !

*Je venais de sauter avec le Véronèse du plafond de
la salle du Grand Conseil, roulé sous le bras ; je venais
de sauter, de très bien sauter... mais, au diable les
citrouilles ! J'étais tombé dans une citrouille cuite, et
j'emportais, à la semelle de mes bottes, le régal du
peuple de Venise, dans les imprécations du fricasseur
de citrouilles. Et quelle citrouille ! une citrouille, où
j'étais embourbé plus haut que la cheville !*

*Je courais pourtant. Qui n'eût couru avec un Véro-
nèse comme le mien sous le bras ? Je courais. Le fricasseur époumoné courait après moi, et me gagnait de
vitesse. Je fuyais, je tournais, j'enfilais des rues, des
ruelles, des passages, des escaliers, des ponts. Le fricasseur était toujours derrière moi ! Je courais.... Pas
une gondole où se jeter ! Je courais, je courais, je courais, haletant, éperdu, rattrapé, — le souffle et la colère
de mon fricasseur dans les cheveux ! — Je courais encore.... « Ah ! gredin !... » C'était lui qui avait empoi-
gné mon précieux rouleau par un bout, et me l'arrachait
de dessous le bras. Il tirait, je tirai ; ce ne fut pas long :
m'arc-boutant sur mon pied droit, m'efforçant de toute
ma force, je lui arrachai le Véronèse des mains, et si
violemment que le fricasseur fut lancé en l'air. Il retomba sur une ficelle tendue à une fenêtre, où pendait*

majestueusement une gousse de piment entre deux
oranges; il retomba en polichinelle de Guignol, ployé
en deux, les bras ballants, la tête morte entre les
jambes.

Je tremblais que ma toile n'eût souffert dans la
lutte. Je la déroulai vivement, mais je ne pus voir.
Les réverbères étaient morts. Les fenêtres des palais
étaient mortes. Le ciel était éteint. La lanterne des
traghetti dormait.

Sur le Grand Canal, une gondole glissa comme un
cygne noir, fendant le silence, la nuit et l'eau. Coiffé
d'une toque rouge à la plume blanche, habillé d'un
pourpoint rouge, d'une culotte rayée bleu et noir, sur
laquelle était passé un caleçon, semblable à un échiquier
noir et blanc, un nègre, debout à l'arrière, se pliait et
se relevait sur la rame volante.

La gondole allait plus ténébreuse que l'ombre. Une
face blanche regarda par la petite fenêtre du felse. Un
bras passa et sema sur l'onde une bourse de pièces d'argent, qui luirent, dansèrent, coulèrent; une autre bourse
de pièces qui brillèrent, sautèrent, sombrèrent; une
autre, et une autre encore, que le flot recevait, berçait,
mangeait. Puis, ce ne fut plus une bourse, mais dix
bourses, vingt bourses ensemble! Les rayons d'argent,

*tombés de la gondole de la Lune, grandissaient en trem-
blant sur les eaux d'indigo. Il semblait que de la Jiu-
decca, des milliers d'enfants jouaient aux ricochets
avec des palets de diamant.*

*« Sérénissime Altesse! — demandai-je en saluant la
Lune, — un rayon, un seul de vos rayons pour voir le
Soleil! »*

*Une poignée de pièces d'argent sonna sur les dalles.
Je me jetai dessus, et, m'agenouillant sur la toile, je
les posai tout autour, comme des lampions, à distance
égale....*

*Dieu quand il eut inventé l'homme, le diable quand
il eut inventé le péché, l'homme quand il eut inventé
la philosophie, ne poussèrent point un soupir de satisfaction si grand que le mien : la* Venise triomphante *trô-
nait toujours dans la beauté de son triomphe, sur le
trône roulant des nuées, — sans une écaillure.*

*« Je te tiens, — criai-je, — vermillon de Véronèse!
pourpre, flamme, manteau des héros-dieux! torche
d'Hélios, qui se couche dans le vent et dans la mer! Je
te tiens, gris de Véronèse! gris argentin qui baigne
dans une fleur d'étain, dans une ombre de perle, les
architectures de fête, les portiques superbes, les colonnades, où se meut la pompe des noces heureuses! Je te
tiens, bleu turc de Véronèse! azur des ciels émeraudés
par la patine du temps! Je te tiens, jaune de Véronèse!
qui va cueillir le soufre au cœur des jonquilles et*

*jette des topazes dans le safran des robes! Je te tiens,
blond de Véronèse! blond de Venise qui imite les blonds
épis du blé dans les mille serpents des chevelures pou-
drées de soleil! Je te tiens, toi qui fais avancer, sur les
têtes penchées, la corbeille de cheveux, où tremblote le
midi du jour, comme un papillon d'or! Je te tiens,
jour de Véronèse! jour des yeux amoureux de la couleur! bain de lueurs! auréole qui palpite, caressant
d'air et de feu, du talon à la nuque, un Olympe d'apo-
théoses! Je te tiens, couleur des couleurs, bouquet
enchanté des tons! Je vous tiens, roses qui fouettez, du
ton d'une chair de fleur, et les coudes et les genoux! Je
vous tiens, chaleurs de l'écaille sous les pâleurs de la
peau! Je vous tiens, éclairs de nacre sur les torses,
buvant les rayons à pleines épaules! Je te tiens, ombre
des ombres chaudes, où la lumière se tait et dort, et où
l'ombre reflète du soleil! Je vous tiens! Je te tiens, mi-
racle! secret de la vie! larcin de Prométhée! — chair
de Véronèse! Je te tiens, gris! rouge! bleu! jaune!... »*

*Mais voici qu'à chaque couleur que j'appelais, que
je palpais, que je prenais en mes mains, la couleur se
levait, sautait de la toile, et se sauvait vers une église....
« Je vous rattraperai bien! » Et, très furieux, j'allais
m'élancer à toutes jambes, quand un froid m'entra
dans les os; — j'avais mon ombre devant et derrière
moi.*

*La grande porte de Saint-Marc s'était ouverte aux
divines couleurs de Véronèse, et dans le fond de
l'abside, je vis le Christ, de ses deux doigts, levés en
l'air pour la bénédiction, me faire signe de venir à lui.
Son geste descendit vers moi, en un escalier de cent
marches, où, à droite et à gauche, deux cents lions
étaient accroupis.*

*Je pris mon courage et je montai. L'homme-Dieu
se recula un peu dans le fond de son trône blanc,
semé de croix rouges, serra contre lui les plis furieux de son manteau bleu, et je me trouvai à demi
assis sur la bande verte de son coussin de pourpre,
me faisant le plus petit possible, glissant, gêné, em-
pêché, les jambes trop courtes, les pieds pendus en
l'air, mes genoux crispés étreignant la toile de Véronèse — qui était devenue un parapluie vert, —
n'osant regarder la Sainte Face, contractée de colère,
honteux et embarrassé de toute ma personne, de mon
chapeau noir que j'avais sur la tête, et gauche et
ridicule, et me sentant ressembler bêtement au M. Jabot
de Topffer.*

*J'étais sous un bouclier d'or, où se développait,
comme sur ces écrans que l'on tourne, une création
d'épouvante, l'apparition d'un monde inconnu, que
déroulaient, à toute volée, de grands anges aux sourcils joints, aux ailes fourchues, aux jambes de phti-
sique, au milieu d'une averse de diamants fauves,*

tombant, ainsi que des étoiles filantes, des yeux en-
sommeillés des dragons.

J'avais peur, j'étouffais dans cette forêt d'images
cauchemaresques, dans ce chaos de visions brassées
par des mythologies sauvages, et qui marchaient contre
moi, avançant pour me broyer. Dans mes oreilles, tin-
taient le craquement sourd et profond des échines de
chevreaux sous les griffes des tigres, et le battement
d'oiseaux noirs, errant dans le néant avec des ailes
de pierre. Toutes les terreurs de l'enfance du monde,
toutes les hallucinations de l'homme cherchant Dieu, à
tâtons, dans le mystère et l'horreur des choses, toutes
les fables et tous les monstres enfantés dans la première nuit de sa pensée vagissante, tous les dieux de ses
peurs inapprivoisées, étaient là qui se dévoraient.

La terre, rouge de sang, se tordait en convulsions
de Titan, sous six jets de feu. Les mers se mouvaient
en flots étranges et grouillant blanc, comme des vers de
tombeau. Les arbres portaient pour fruits, des anatomies flétries de vieillards sinistres. Au ciel, les sourires des chérubins avaient le ricanement énorme et
farouche des masques antiques. Et leurs regards fixes,
dans les profils, étaient toujours de face. Un trait de
charbon était la prison de leur œil, un trait de charbon
la ligne de leur nez, un trait de charbon l'arc de leur
bouche, un trait de charbon le cercle de leur pom-
mette, qui semblait une boule de pourpre; — oh! un

charbonnage, oh! un maquillage terrifiant pour je ne sais quel grand drame d'un Dies iræ.

Cependant, tandis que les hippogriffes, à la langue en paraphe, grattaient le sol de l'ongle, l'horizon courait par sauts et par bonds sur les têtes aplaties et les longs cols des chameaux agenouillés, l'horizon dansait entre les cornes d'or des béliers à la barbe de satyre.

Une chose pleine d'effroi, c'est que ce monde était comme enveloppé de sommeil. Il remuait mécaniquement, automatiquement, avec la vie morte et l'évolution solennelle et raide des névrospastes de la vieille Grèce. D'infinies légions de rois, drapés dans leur barbe grise, emboîtaient un mouvement de bois, avec des gestes de fer. Une marche de morts s'avançait d'un pas hiératique sous des robes blanches, couleur de suaire, collées à leurs maigreurs. Sur ces armées de peuples et de générations formidables, une Ève planait, horrible et nue, à demi-équarrie dans la chair, avec une informe ébauche de torse sur un déboîtement de hanche.

Quatre figures faisaient tourner les boutons de cette vision.

L'une avait une tête de lion, avec une crinière à double marteau, la gueule courroucée et de travers, mâchonnant un rugissement, une patte repliée sous elle.

L'autre était un bœuf écrasant sous son lourd mufle les bourrelets de son fanon.

L'autre était un ange, aux six paires d'ailes entre-

croisées, bleues, rouges, jaunes, qui tenait sur sa
tunique blanche un livre vert.

Le dernier était un aigle au plumage de dards, la
tête élancée, et jaillissant de ses ailes d'or, ocellées de
tous les yeux de la queue des paons.

« Nom d'un petit bonhomme! » fis-je en frissonnant;
et je donnai un grand coup de parapluie par là-dedans.
Ce fut le bruit de milliers de piles d'assiettes qui crou-
lent et cassent, — et j'étais dans une grande salle.

La salle avait une horloge. L'horloge n'avait qu'une
aiguille : l'aiguille était un glaive.

Dix terribles hommes noirs étaient assis autour d'une
table, penchés sur des papiers qui murmuraient.

Des messieurs, en habit et en cravate blanche, en-
trèrent. Ils retroussèrent leurs manches, passèrent
derrière les hommes noirs, les soulevèrent par le collet,
les posèrent debout, les redrapèrent, leur dressèrent
les bras, les rabattirent, firent jouer leurs gestes, poussèrent un : hum! de satisfaction... puis tirèrent une
vrille de leur poche, firent un trou dans les dix
crânes, un trou dans les vingt mains, un trou dans
les vingt pieds, mirent une ficelle dans tous les trous,
tirèrent la ficelle. Les mains battirent l'air, les jambes
se fendirent en compas, les yeux sautèrent dans leurs
orbites, les bouches s'ouvrirent toutes grandes; alors

un petit homme *ventru, leste, alerte, imberbe, les sourcils forts, le regard finaud, se frotta les mains, sauta sur la grande table, se hissa sur ses bottes vernies, et jeta vivement des devises de mirliton dans la bouche des hommes noirs, qui s'agitèrent mélodramatiquement. Le petit monsieur était suivi d'un autre, qui, vite, par-dessus chaque devise de mirliton, enfournait un air d'orgue.*

Cependant les papiers de la table avaient été saisis par un copiste d'une agence dramatique, qui biffait : CONSEIL DES DIX, *ficelait les dossiers, cinq par cinq, et mettait l'adresse :* BOULEVARD DU CRIME.

Soudain, au fond, dans l'ombre, une forme entraînée, un débat, une lutte, un : « Angelo! je le veux! » — et confusément j'aperçus une mâchoire, qu'une sorte de Samson entr'ouvrait de force, et la bouche de bronze de la vieille Venise, enfoncée dans une gorge humaine, criant vainement de la voix du martyr de Verrès : Civis sum Romanus! *criant : — Je suis Beauvallet, comédien ordinaire de la Comédie-Française!*

Je profitai du tumulte pour me glisser dans la chambre voisine. C'était la chambre des trois inquisiteurs d'État. Aux murs, des armoires en bois blanc montraient des herbiers en bon ordre. Un homme piquait attentivement des papillons dans de grands cadres.... Je passai sans souffler, dans le local tragique, et me jetai en bas d'un escalier.

Ce fut sur la place Saint-Marc, un grand bruit, — le bruit d'un millier d'ailes battantes, et une chanson s'envola avec les oiseaux éveillés.

« Nous sommes les enfants gâtés de Venise. Nous sommes des paresseux, des bienheureux ! Nous sommes libres, nous sommes gras, nous sommes sacrés ! Notre cage est bleue, et notre table a cinq cent vingt pieds. Nous avons ventre en boule et pattes toute roses, de l'eau sur la margelle des puits de bronze, et du grain tout le jour ; et rien qu'en nous baissant, nous pouvons nous gaver. Nous mangeons au soleil ; nous digérons à l'ombre. Nous vivons sans y penser, nous aimons à tire-d'aile. Nous nous promenons en nous dandinant, fiers comme des prébendiers, et nous faisons jabot de notre gorge mauve et verte. Nous sommes les pigeons de Saint-Marc. »

Sur la place, beaucoup de gouvernantes aveugles promenaient des jeunes filles, et de petits grooms suivaient, en veste et en chapeau, ne sachant comment porter leurs deux bras. Les jeunes filles avaient de grands yeux, de beaux et jolis yeux, qu'elles semaient à droite, à gauche, et tout autour d'elles. Tous ces yeux avaient une langue et une voix. Il en passait de durs, et de doux, et de dramatiques, et d'aimables. Il en passait, qui parlaient et d'autres qui murmuraient. Il en passait, qui éclataient de rire, et d'autres qui bégayaient. Deux ou trois demandaient la charité, et tous la faisaient.

Les pigeons tournoyaient au plafond d'azur, posé sur les Procuraties, chantant :

« C'est un bel arbre, nous y faisons nos nids. Le vent le sème. Il pousse partout. C'est un bel arbre que l'Amour, un bel arbre de mai, plein de rubans. »

Sur la place, le monde grossissait, les prunelles jouaient de l'éventail à chaque coup de chapeau. Les pigeons chantaient :

« Entends-tu la musique des Hongrois, aux guêtres bleues? Les mandolines vont gratter au pas des portes. L'amant appelle et prie ; elle sort : tous deux dansent ! Vois la jolie entrée des vives mélodies. le bras en anse et le poing à la hanche, sautant d'un pied joyeux en frétillant de l'autre ! Puis c'est la colère et l'éclat des trompettes jalouses, qui, prenant le couple à bras-le-corps, dénouent brutalement l'amour comme un bouquet.... » Tout est fini. La flûte arrive en murmurant sous la fenêtre close, et pleure, et s'impatiente : un chant de printemps, douloureusement tendre, léger et pénétrant, quelque chose comme l'odeur du lilas blanc qu'elle aime.... Sauve qui peut! voici la Morale qui vient sur l'ouragan des cuivres....—Cymbales, rugissez! Et la Morale saute à pieds joints dans la grosse caisse.... Étranger qui passe! Cette musique n'est point la musique de l'endroit. Ici, point de trompettes, ni de Bartholos, ni de cymbales, ni de Marcelines. Ici, la Morale chante avec une voix toute jeune. Ici, les

grand'mères pardonnent à leurs petites filles de n'avoir pas leur âge, et disent : « Moi aussi, j'ai été femme! »

Sur la place la foule était grande, les boutonnières fleuries, et les pigeons chantaient :

« Sais-tu bien qu'ici, le soir, sur les balcons, alors que le vent du Lido apporte au front de Venise les baisers de la mer, tous les cœurs sont occupés à se mettre des ailes, pour s'envoler de terre? A deux pas des parents, jeunes filles, jeunes hommes, serrés, et chaise à chaise, et leurs voix se touchant, et leurs âmes mêlées, s'amusent à passer aux doigts de leurs pensées, des bagues de fiançailles.... Ce sont de douces phrases, des silences émus, des murmures de lèvres.... Jeunes hommes, jeunes filles jouent avec l'amour; et d'idéales marguerites s'effeuillent, interrogées sous les doigts invisibles des désirs.... »

Sur la place, les contessine *cherchaient toujours un regard, les gouvernantes leurs paires de lunettes, les petits grooms une pose, et toujours les pigeons chantaient :*

« Sais-tu qui tient ici le bureau de la poste restante? c'est l'Amour, l'Amour qui, sans demander de passeport aux amoureux, délivre tant d'espoirs, et tant de belles joies, et de petits papiers à lire à deux genoux, et de tout petits mots qui sont de grands serments, et l'avenir promis et le présent donné, et le monde et le ciel tenant dans un chiffon! Sais-tu qu'ici les oreillers

*des vierges cachent encre, plume, papier, et petites
bougies; et quand seul le ciel veille, quand seules les
étoiles ont des yeux, sais-tu combien de ces petits pa-
niers où, à l'aube, le boulanger met le pain, le long des
vieux palais, descendent du bonheur et remontent de
la fièvre!... »*

*Les pigeons chantaient encore, quand un homme
s'élança de chez le libraire Pasquali, le menton dans
son jabot et les yeux sur ses pieds. Il m'accrocha : je
faillis tomber.*

— C'est vous, cher monsieur Callegari?

*L'homme se redressa furieux. « Je ne suis pas plus
le cher monsieur Callegari, que Michel dell' Agata! pas
plus Michel dell' Agata, que Constanti Zucala! Je suis
moi, monsieur; et retenez-le, s'il vous plaît : Charles
Gozzi, de l'Académie des* GRANELLESCHI! *»*

*Puis renfonçant son chapeau d'un coup de poing, et
s'adressant au ciel : « Encore une vengeance de la fée
Carabosse ou de Pari Banou! Une intolérable secature!
Pas de jour, monsieur, où quelque farfadet ne me joue
un tour semblable! tantôt c'est ma maison qu'ils me
prennent, tantôt ma figure, tantôt.... Infortunes, con-
trariétés, supplices ridicules, coups d'épingle. Ils ne
savent qu'imaginer! Je succombe, monsieur, je succombe!.. Et penser que tout cela est la faute de mon*

Truffaldin *Sacchi, un esprit fort ! de mon* Tartaglia
Fiorelli, un mécréant ! de mon Brighella *Zanoni, un
polisson ! et de mon* Pantalon *Derbès, un Voltaire ! des
drôles, mon cher monsieur, qui n'ont pas une once de
respect pour les fées, les sorciers, les amulettes, et les
maléfices que j'ai mis au théâtre ! les coquins ! ils ont,
dans les coulisses, des ironies, des éclats de rire, des
propos d'un athéisme à l'égard du diable !... et voilà
la fin : je paye pour tous ! je meurs à petit feu !... Je
suis un pauvre homme, monsieur, qui a tout le monde
invisible déchaîné et conjuré contre lui !*

— *Monsieur Gozzi, je vous plains de tout mon cœur,
et plus que ne ferait un passant ordinaire. J'ai eu un
grand-père qui fut à Venise et qui même y avait eu
quelques succès galants : tout enfant, sur ses genoux,
j'écoutais de sa bouche votre pièce des* Trois Oranges....

— *Un vrai « conte de nourrice » !... Après tout votre
grand-père était un homme de goût.... Ah ! vraiment
ce que vous me dites là, m'étonne. Je vous croyais,
vous tous Français, vendus à cette inepte école de
Chiari et de Goldoni ! des cuistres ! des goitreux ! des
yeux sans âme ! des oreilles sans cervelle ! de misérables attrapeurs de vrai ! des gens.... Ah ! monsieur,
quelles gens ! Pouah ! le cœur m'en lève ! »*

Et il marchait comme un ouragan.

« *Croyez-vous que je sois un poëte, pour vous raconter
les gondoles qui attendent, au Ponte Storto, un mou-*

choir passé par la fenêtre de la gondole? ou l'effroi
d'un pauvre diable surpris par messer Grande dans un
cabaret borgne ? un poète, pour vous nommer ces masques, hommes et femmes, qui jettent leur argent aux
banques en plein air? ou vous dire les jardins de
Saint-Blazius qui se louent un ducat, la journée, aux
amoureux? Certes, ce sont là choses intéressantes, et
des mieux faites pour accorder la corde d'une lyre! Me
demanderez-vous plutôt que je vous répète, mot pour
mot, les propos tendres de la promenade della Zucca,
de l'Opera buffa, de l'Opera seria; et encore les propos
tendres de petits soupers, sous la treille de l'Osteria de
la lune? Je vous donne ma parole de comte que le
ramage n'est guère varié. Ou bien je vous ferai l'addition des zinzares, qui mangent les prisonniers sous les
plombs. Ce sera, comme vous voudrez ; mais je vous
préviens qu'il n'en coûtera guère plus à mon imagination, qu'il n'en coûte aux mères, quand elles ren-
voient leurs filles, en leur faisant, pour tout bien,
une croix sur le front avec le pouce. Que s'il vous plaît
cependant, je vous citerai des aventures, que les archives
de la police savent tout au long.... La belle nouvelle,
quand je vous apprendrai, que la Cavamachia a reçu
cent vingt mille écus du marquis San Vitali, et qu'An-
cilla et Spina sont deux précieuses personnes, pour
danser, au dessert, le forlano sur la nappe?... Que sais-
je? Faut-il vous peindre la loge de la prima donna de

Saint-Samuel? les flambeaux d'argent, les bougies musquées, les flacons de vin de Samos, de vin de Zante, de vin de Céphalonie, de vin Esclavon, noir comme l'encre, et les corbeilles de dragées, de diablotins, de papillotes et de tout le chocolat imaginable ?... Et voulez-vous que ma muse vous donne, en jolis vers, la recette des pastilles à la mode : des cheveux de la belle, coupés menus avec des ciseaux d'or, et confits avec du sucre, de l'ambre, de la vanille, de l'angélique, de l'alkermès et de l'essence de styrax? Autant vaudrait vous raconter mon habit coupé par Joseph Fornace, le dernier des tailleurs, le déjeuner que j'ai fait chez Peruzzi, la conversation insipide du libraire Pasquali; autant vous raconter le temps qu'il fait, la rue où vous passez tous les jours.... des niaiseries! des histoires de perruquier! de pauvres réalités! Tout cela est plat comme un fait. Tout cela est bête comme la vie. Le monde est terne, et les choses sont grises. Toutes les maisons sont en pierre, et les femmes se ressemblent... et je fais, en vivant, un métier de cheval de manège....

— Mais, fis-je....

— Parlez-moi de la Chine, mon cher monsieur! Un pays insensé! un monde à rebours! une nature à l'envers! une terre folle! un paradis de paradoxes! un ciel de jade, des arbres rouges, des fleuves nankin, des bestiaux chimériques, des villes de porcelaine, et des pagodes à dix étages de clochettes, que le vent sonne!

Ah! monsieur, des nourritures extravagantes, des sauces à l'essence de cloporte! Et des mandarins en baudruche, et des canons qui font la grimace, et des boucliers qui tirent la langue, et des magots et des poussahs!... Au moins il y a là du corail blanc, des feux d'artifice à midi, des opéras qui vous égratignent l'oreille jusqu'au sang, des lettres semblables à des insectes qui dansent, des jeux qui sont des casse-têtes, des plumes de poil de lapin blanc, des épithètes de lapis-lazuli, et, — songez-y. — des dragons aux portes qui mangent les mauvais sorts.

*« J'adore depuis dix ans une Chinoise qui, penchée à sa fentére arrose dans un pot de fleurs un petit chêne pas plus haut qu'une joubarbe.... Je sais ce que lit son mari, heureux homme! C'est l'*Histoire de deux couleuvres, *ou bien encore l'*Histoire d'un cercle de craie.... *Quelle femme, caro mio! des yeux grands comme des tasses à café, un petit nez camard, fripon et friand, des lèvres plus fraîches et plus vermeilles que le fruit du jujubier, des ongles longs, longs de deux pouces, une peau!... une peau nuancée comme la peau d'un serpent! Et si vous la voyiez passer, si joliment trébuchante sur ses deux petits pieds, pareils à des nénuphars d'or.... Une seule chose me déplaît de la Chine, c'est qu'elle existe — à ce qu'on dit. — Mais je sais une Chine plus belle et qui n'existe pas!... C'est le pays où deux et deux font cinq, où l'eau chante, où l'oiseau parle,*

où la fleur rit! C'est le pays où tout arrive! Les prin-
cesses y sont plus rayonnantes que le jour! Les lampes
merveilleuses y brûlent. Les génies y tissent des romans,
les lutins y servent l'amour, les rêves y racontent
leurs voyages. Les sésames de diamant s'y ouvrent sur
un signe. Les fées de l'Orient y mènent à la baguette les
aventures de l'imprévu. Ce n'est qu'enchantement, ce
n'est que métamorphose, ce n'est que fantaisie en cette
terre de caprice, à mille lieues de la terre, à mille lieues
des trois unités : le vrai, le raisonnable, le possible!
Pays chéri! beau domaine! seule patrie! fit-il, avec un
sourire triste, que m'ait laissée l'inquisition d'État! »

Gozzi reprit : « Oui, mon ami, je dis bien, ma seule
patrie.... O misère! la pensée mâle qui est en moi, ce
morceau d'un peuple qui tressaille dans ma poitrine,
ma bouche frémissante, ouverte pour une de ces satires
qui fouettent une nation vers de nobles destins, il faut
que je les bâillonne! Mon cœur vénitien, blessé et sai-
gnant des avilissements de Venise, comme des hontes
d'une mère, il faut qu'il taise jusqu'à ses murmures!
Étourdis-toi donc de chimères, ô mon cœur! Rions et
faisons le fou, puisqu'il t'est défendu d'agir et de vivre!
Rions, puisque l'Inquisition d'État veut que le plaisir
étreigne la Rome des mers, la berce, la désarme, l'en-
dorme et venge le monde! Le plaisir! écoutez : l'Inquisition d'État le fait prêcher à tout et partout, au théâtre, au livre, aux promenades, aux cafés! Malheur à qui

oserait, à coups de sifflet, arracher leur proie aux
basses joies, et refaire de ce troupeau une armée
d'hommes! Malheur à qui le ferait rentrer dans l'arène
et dans la dispute de l'avenir!

« Rions donc, et que jusqu'à ces chants d'église qui
montent dans les nefs, tout amollisse et tout énerve,
tout soit la volupté dernière des peuples qui vont
mourir! Ah! vous entrez là, aux FRARI?... moi, je vais
aux GRANELLESCHI. »

Sur la place des FRARI, aux descentes de lit pendues
aux fenêtres, des sonnets tremblaient au vent, attachés
avec quatre épingles.

La nef des FRARI était pleine de fleurs en papier. Des
bobèches de buis tournaient autour des flambeaux d'or.
Dans un coin de sacristie, deux gros hommes s'empê-
traient de rouge, se débattant comme des bœufs dans
de la pourpre. D'autres, vêtus de serge rouge, promenaient dans la foule des cassettes formées d'une tête de
mort en argent. Derrière l'autel, le soleil était du sang,
sur lequel l'encens paraissait de l'azur. Contre un
mur, des nègres de marbre blanc geignaient sourdement sous une montagne d'architecture, et des écor-
chés de marbre noir étalaient des écussons énormes.

Il flottait dans toute la nef une musique suave, soupirante et gazouillante. Il semblait que ce fût l'éveil et
la prière du matin de l'aube, prenant voix par toute la

*terre. Des refrains, des chansons, des airs à danser, et
des marches, et des susurrements qui s'enhardissaient,
et des trémolos badins, et des rythmes légers, et des
gammes ondulantes et balancées, et des crescendo, que
l'archet brise et rebrise et renoue; et des notes qui
marchaient seules et que d'autres notes suivaient,
comme des dames d'honneur, en leur tenant la queue;
et tout ce bruit frais, et toutes ces gaies mélodies, se
rangeaient à une claquante mesure, à un flafla que
semblait battre la batte d'un Arlequin.... C'étaient de
tels et de si doux chatouillements en mon âme ouverte
et bercée, que j'y sentais assis, accordant leurs luths,
les anges de Bellini, les petits anges musiciens, court
vêtus, et si gentiment tristes.*

*Il y eut un accord de tout l'orchestre, un unisson
plein, parfait, continu, et les notes n'étaient plus des
sons : elles étaient, à mon oreille, un bruissement tendre et clapant; l'une à l'autre, elles se mariaient
comme des lèvres.... Ce n'était plus que baisers, s'envolant des basses, des flûtes, des violons.... Et cette
plainte, c'était le baiser mourant de Gaspara Stampa,
dont Collatino brisa la vie et la lyre, la Sapho que
Guerchin couronna de lauriers! Et cet appel, c'était
le baiser vénal et charmant de celle qui fit de Rousseau
un homme! Et cette cadence, c'était l'harmonieux baiser
de la Cassandra, portant au col la chaîne d'or, donnée
à son éloquence par la reine de Pologne! Et ce soupir,*

c'était le galant baiser de l'Isabella, qu'un anagramme du Tasse appelle la Blanche Sirène! Et ce coup de timbales, c'était le baiser brutal de la Margarita, qui battait le cœur du poète anglais pour le faire chanter! Et cette fanfare, c'était ton baiser triomphant, Veronica Franco! toi qu'aima le roi Henri de France Troisième, et qui daignas l'aimer!

Et le beau bras de Veronica Franco était passé sous mon bras. Ses patins sonnaient sur le pavé. Nous marchions sous des fenêtres, où des vieilles montraient leurs cheveux blancs et le capuchon vert de leur quenouille. Veronica allait, précédée de son pas sonore, tout entière en arrière et retournée vers moi, vers moi, penché sur elle et ne regardant qu'elle.... O mes désirs! quelle ivresse vous versaient ses beaux cheveux frisés et relevés sur son front, en deux grandes cornes d'or! et ce haut col de dentelle d'argent, gardant d'une grille de guipures ses tombantes épaules, et cette chaîne d'or qui se coulait frétillante entre ses deux seins.... Sa longue jupe de soie entr'ouverte de mon côté, — il me semble que je l'entends froufrouter encore; — oui, elle est encore dans mes yeux, retroussée par derrière du bout de son petit doigt, laissant voir son haut-de-chausses d'homme, sa chaussure à la romaine, ses énormes patins de bois qui la grandissaient d'un pied.... Ma Veronica avait la peau blanche, mais d'un blanc douillet et chaud, trempé de lueurs mates, *baigné de vie, allumé de santé. Sa gorge était fière, drue, insolente, superbe. La maîtresse du Titien, Violante elle-même, n'a jamais porté, en un pareil triomphe, toutes ces majestés de la chair provocante, tant de beautés impérieuses et qui violaient l'amour !*

No lo voi ! no ! no ! *fredonnait Veronica, en me montrant des femmes, qui étincelaient comme des escarboucles dans les rues rousses.*

No lo voi ! — *et elle les frappait d'un petit coup de son chasse-mouches en plumes d'autruche.*

No lo voi ! no ! no ! *fredonnait-elle toujours, en me montrant aux femmes.*

No ! lo voi ! *Il est à moi, Morgana ! bien à moi, la Cervetta ! tout à moi, la Lavandera ! à moi pour la vie, la Parisotta !*

Au bout de quoi, elle toucha un marteau de bronze réprésentant une bacchante balancée sur les bras nerveux de deux faunes agenouillés. La porte s'ouvrit : Attends-moi sur l'altana ! *fait ma belle.*

Je monte sur la terrasse. Le soleil y dormait tout de son long. A peine si, dans un coin, un vieux cep de vigne, aux feuilles rares, nouait sous lui les ombres maigres de ses bras tordus. Je m'accoude.

C'est un ciel d'un azur fin qui se meurt en transparences d'or pâle. L'horizon flotte sur la mer, crêpe bleu tendre à demi submergé. Des campaniles et des dômes d'étain montent, argentés ou bleuissants, dans les ciar-

tés. Contre la Dogana, entassées dans l'ombre violette, les voiles couleur tabac, trouées de jour, boivent mille rayons; et sur sa boule d'or, que midi incendie, rit la Fortune volante. L'eau est engourdie, pâmée, et berce, sur son miroir d'huile, la face des monuments. Pas un mât jaune ne bouge. Les mouettes seules déchirent ou rasent l'onde figée, naviguant comme des cygnes, ou bien, de leurs pattes mouillées, secouent des perles dans le ciel en s'envolant. Leur petit cri, le coup lointain d'un marteau de calfat, le gémissement d'une poulie, c'est tout le bruit!

Je me retourne. Veronica est là, sur une chaise incrustée de grenats, dans le rayonnement du soleil, ses cheveux d'or épars et volant dans le fluide d'or. Elle n'a qu'une chemise de soie blanche, un rochetto de la soie la plus fine, qui l'enveloppe, la baigne, la caresse, et la trahit, en rougissant aux seins, aux genoux et aux orteils, du rose pâle des roses thé. Mais pourquoi, sur la tête, cet immense chapeau sans fond, ce grand couvercle, tenant sa figure et sa poitrine dans l'ombre tendre, qui tremble au col des ramiers?

« Pourquoi cela? lui dis-je.

— Je veux que tu m'aimes, vois-tu, me dit-elle, je veux que mes cheveux dérobent des rayons au soleil, pour que ce soir, tes yeux, roulés dans mes cheveux, croient encore au jour! »

Et trempant dans une fiole une petite éponge, montée

au bout d'un manche de cristal, elle la passe dans ses cheveux débordant de la solana, *en laissant son regard sur mon regard....*

Puis tout à coup : « Dis-moi les robes des femmes de France. Hier, j'ai été pour voir, à l'entrée de la rue de la Mercerie, la Poupée de France, qui dit la mode : le vent l'avait emportée, l'autre nuit. Dis-moi la robe qui promet le plus, la robe qui ment le mieux, la robe qui fait aimer!

— Je ne sais pas.

— Mais au moins la couleur à la mode, tu l'as vue... tu la sais, dis-la-moi....

— La couleur à la mode? ma foi! quand je quittai la France, c'était couleur de péché *mortel.*

— Non, j'en veux une autre, une que l'on m'a dite, une plus nouvelle.... M'aimes-tu?

— Si je l'aime, Veronica! veux-tu que....

— Non, je veux que tu m'ailles chercher en France une robe couleur de singe mourant.... Ton roi Henri me l'avait promise, quand il est venu, mais les rois ont tant de courtisans qui font du bruit autour de leur mémoire! Il ne s'est plus souvenu.... La dogaresse en voudrait bien une; elle ne l'aura pas!... et je l'aurai, n'est-ce pas? Viens! me dit-elle dans un baiser; et, me prenant la main, elle m'attira vers une porte. »

En passant le seuil, Veronica vieillit soudainement. Cinquante années lui vinrent au visage, en une seconde,

et sa robe, ce nuage de soie, c'était un sac de grosse
toile bise, le sac où se blottissent les pauvres honteux
qu'on voit tendre leur cornet de papier aux passants.

Dans la chambre, dix lits à droite, dix lits à gauche,
appuyaient leurs têtes au mur. Sur un guéridon bien
net, un ciseau mince posait sur un peu de linge blanc.
Sous les draps étaient des formes, quelque chose de
confusément rond, comme un corps ramassé sur lui-
même, et, au bout des couvertures, haut montantes
et renflées çà et là, un bout de joue cireuse, un coin de
front blanc, gisait, battu de cheveux, sur l'oreiller
creusé. Il puait fade et chaud. Au milieu de la chambre,
autour d'une table, des femmes assises sur un banc
lisse, levées, accoudées, en toutes poses, immobiles ou
faisant de grands gestes, riaient ou rêvaient, regardaient, le menton dans leurs deux mains. Devant elles,
sur la table, étaient rangés, en mille dessins qui sem-
blaient le pavé de l'église de Murano, des pierrailles et
des bijoux faux. Le jour courait gaiement sur le
groupe, mordant les peaux et les chemises. Droite,
insolente et grasse, l'une, serrée dans son corset jaune,
balançant sur une hanche son jupon blanc, secouait
par-dessus les têtes un bas de laine, où sonnaient, d'un
son de bois, les numéros de la tombola....

N'oubliez pas que nous mangeons ce soir une friture

*de scampi au Giardino, aussitôt ma dissection faite !
me cria le docteur.*

J'étais au bord de la mer.

Il m'apparut une île de verre.

*Au pied d'un grand arbre de cristal, épanoui comme
un lustre, fleuri de mille verroteries, Éole était assis.
Une cuve d'eau de perles entre les jambes, les joues
enflées, sans trêve, il soufflait, dans une paille de
glace, bulles de savon sur bulles de savon. Les bulles
s'envolaient en bande, s'opalisaient de mille rayons,
montaient jusqu'aux mains du Soleil qui s'amusait à
jongler avec elles ; puis, je les voyais retomber sur
toutes les tables d'Europe : patères qu'une aile de
mouche eût fait choir ! lagènes qu'eût brisées un ut
de ténor ! je les voyais retomber en millions de coupes :
celle-ci, une mousse laiteuse de verre ! celle-là, un chif-
fonnage de cristal ! cette autre, une toile d'araignée
brodée de diamants par la rosée ! et des supports, et
des agrafes, et des anses, et des couronnes, et des fantaisies, et des chimères, filles d'un souffle, qu'eût signées
le ciseau de Leopardo !*

*« Excellence, c'est Murano la Morte ! Êtes-vous
amateur de verres de Venise ? de curiosités ? Si vous*

*voulez bien me suivre?... » Et l'homme marcha devant
moi.*

*A perte de rue, des façades de briques brûlées et
rebrûlées au soleil ; du plâtre gris qui verdissait dans
l'ombre ; une ville fruste comme une vieille marche
d'église ; des enfilades d'antiques ponts de pierre étayés
de pilotis ; des canaux où les eaux ensevelissaient lentement les carcasses pourries des bateaux abandonnés ;
un silence, entouré au loin de sonneries mourantes de
cloches ; au-dessus des murs ébréchés, des verdures
noires ; des arceaux qui, pierre à pierre, s'en allaient
sous les feux du jour ; des maisons rayées par les
eaux croupissantes d'un étiage de mousse humide ; des
grilles de balcons descellées, et se penchant, avec de
grands gestes désespérés, vers leur image noyée ; des
cours lépreuses avec des lucarnes fermées par des
volets de bois, couleur de boue, et un trou noir pour
escalier ; des places, des campi sans une âme, salies de
l'herbe maigre des solitudes où ne pénètre pas le soleil ;
des débris de mobiliers étranges, étalés pour la vente,
à la garde de Dieu ; et tout à coup, par quelque fissure
inattendue de muraille, les perspectives empourprées,
que le Tintoret peignait de sa maison, contre laquelle
j'étais adossé.... Alors l'ombre gigantesque d'un turban
s'allongea derrière le turban de pierre d'un Maure
sculpté au mur, et sur la frise d'un palais en ruine
apparut le relief d'un chameau, chargé d'aromates.*

— « Oui, Excellence, vous êtes dans le quartier des Maures, en plein Canareggio....

— A propos, mon cher, dites-moi donc où diable vous ai-je déjà vu? »

L'homme baissa timidement la tête.

« Ah! farceur, je te reconnais maintenant.... C'est dans Boccace, journée quatrième, nouvelle deuxième, que je t'ai rencontré.... Tu es le fameux prédicateur Albert, qui trompa si finement Mme Lisette, et qui....

— Excellence, ne me perdez pas!

— Eh bien! que fis-tu après ta promenade, en homme sauvage, sur la place Saint-Marc?

— Je me fis juif, Excellence! »

Et il mit la clef dans une serrure, pareille à la serrure d'une des portes de Gaza.

Nous entrâmes dans une grande salle nue. Des milliers de tiroirs montaient jusqu'au plafond, laissant tomber à hauteur d'œil des milliers d'étiquettes pendues à une ficelle :

« Excellence! Vous allez voir des curiosités, comme pas un des Hébreux du Ghetto ne pourrait vous en montrer! »

L'homme allait d'une étiquette à une étiquette, disant :

— Son Excellence veut-elle une vague encore dorée d'un reflet d'or du Bucentaure?

— Son Excellence préfère-t-elle le bruit que fait la

tête d'un doge, en tombant dans une tragédie de Casi-
mir Delavigne?

— Une chose unique! Excellence! le crédit philoso-
phal trouvé dans la paillasse de Law!

— Ceci, Excellence, une perle de sueur, recueillie
à une régate de 1574, sur une rameuse de Pales-
tine!

— Excellence! achetez-moi le si de la Malibran!

C'était un petit Jaquemart en filigrane qui, aussitôt
un ressort poussé, montait prestissimo sa petite
échelle d'argent, pour s'en aller sonner le carillon des
émotions humaines.... — C'est fragile, mais nous avons
de si bons emballeurs!

— Plaît-il à Son Excellence de posséder le premier
sourire d'amour de Bianca Capello?

— Excellence! dix sequins la mémoire d'Alde Ma-
nuce, où tenaient quarante mille volumes!

— Excellence! le lion en beurre frais de Canova!

— Excellence! voilà la naissance du chantage dans
l'encrier d'Arétin!

— Excellence! Regardez!

Et, faisant glisser un tiroir plus grand que les autres,
il me montra quelque chose de blanc :

— Pour Dieu! n'y touchez pas! une relique encore
chaude! Excellence! n'est-ce pas, on la reconnaît? c'est
vivant, ce creux! Prenez garde, Excellence! votre lor-
gnon, s'il tombait dessus! Oui, c'est elle, Excellence!

*le certificat y est joint!... Desdémone moulée dans
l'oreiller qui l'étouffa! — Il y a encore un cheveu, là,
Excellence! Je vous vends le cheveu, si vous voulez!....*

— Excellence! la Muse de Goldoni!

J'entrevis une paire de ciseaux.

*— Excellence! une rareté admirable! une curiosité
de votre pays. Excellence! la dernière pensée de Léopold Robert : un baiser qui gravit un trône!*

*— Excellence! de grâce, étrennez-moi! C'est lundi :
portez-moi bonheur! Tenez! Excellence! pour rien,
pour un morceau de pain, un nuage qui a vu la bataille de Lépante!*

*— Sa Seigneurie ne trouve rien ici à sa convenance?
Sa Seigneurie veut-elle monter au-dessus? La collection
de ma femme! le plaisir de la montrer, Excellence, car
je n'en vends rien!*

*L'escalier était si noir, si noir, que je pris des deux
mains les deux pans de la longue redingote de mon
juif. Les degrés étaient roides. Le juif gravissait sans
s'arrêter! Sa poitrine sifflait. Il m'enlevait pendu derrière lui. Il montait, et j'apercevais devant lui, par
instants, quand elle n'était pas masquée par sa grande
personne noire, une forme rouge qui se balançait,
légère comme un coquelicot, un joli châle sang de bœuf
volant sur l'escalier. Mon juif grimpait toujours dans
ma vision. A la fin, je posai mes mains sur ses épaules :
je sautai par-dessus et me trouvai derrière une porte*

*fermée, à genoux, sous les deux plus tendres yeux qui
soient jamais tombés du ciel sur la terre.*

*« O les regards longs qui vont plus loin que la terre,
les corps inclinés comme une prière, l'abandon, le soir,
des mains maigres sur les terrasses, les accoudements
silencieux au-dessus des cités qui dorment, les grandes
tombées des plis autour de tailles dénouées, les ovales
abaissés des vierges au long col, les démarches penchées et molles effleurant la terre, ainsi qu'une marche
d'ombres, le sourire pensif des lèvres sérieuses à demi
entr'ouvertes ! O adorables langueurs, célestes pâleurs
de la femme, mélancolie divine de sa beauté chrétienne,
vous êtes mes amours, et c'est toi, Zitta, ma bien-
aimée ! toi la femme au front paré de rêverie, toi la
femme au cœur douloureux et anémié, où naissent les
tendresses immatérielles, toi, qui as une beauté plus
belle que la beauté de la forme, toi, la nouvelle Vénus,
toi, la jeune physionomie moderne, toi, l'ascension de
l'âme dans la ligne, toi, cette enchanteresse que Dieu
n'a fait, ni avec un trait, ni avec une couleur, mais
qu'on dirait avoir créée, comme du rayonnement idéal
pris à sa face souriante et crucifiée ! je te connais : tu
es la vierge-mère du génie de Carpaccio ! Le doux
poème de ce monde éclairé de l'or pâle des crépuscules,
je le revois en toi ! La légende et la songerie de cette
génération courbée, le charme pieux et la grâce dolente
de ce siècle, où le corps semble s'affaisser sous le poids*

d'une pensée d'adoration spirituelle, ils habitent tout
entiers en un seul de tes regards! Tu es la femme, tu
es l'inspiratrice, tu es l'ange de tous ces vieux maîtres,
que Venise garde dans ses vieux quartiers, — ainsi
que se gardent au cœur des peuples les vieilles poésies!
Zitta! je t'aime! »

Je lui disais tout cela à genoux. Il n'y avait, de
siége, dans toute la chambre, que la chaise penchée en
arrière sur laquelle Zitta, allongeant son corps fluet,
balançait sa nonchalance. Le coude posé sur un lit
d'ébène, à coucher toute la famille du Petit-Poucet, elle
lutinait, avec la pointe mutine d'une mule où dansait
son petit pied, le loquet d'une armoire en mosaïque de
Florence. Son cou plié, sa tête abaissée vers moi, noyés
d'ombre, se détachaient sur l'or d'un soleil en feu, emplissant la fenêtre ouverte derrière elle. Dans un coin,
un bout de bougie brûlait devant trois madones. La tête
de Zitta, doucement bercée et remuée dans le cadre
éblouissant, dérangeait et brisait, en se jouant, les
flèches de la Madona dell' Orto. Son regard m'écoutait
sans m'entendre, et sa bouche semblait me dire : Que
tu es bête!

Moi, je parlais toujours, pendant que le petit pied
agaçait le loquet, si bien que le meuble s'ouvrit tout
grand: un domino fripé, brodé de vieil or, coula sur le
plancher, et avec le domino — une tache noire. Cette
tache noire, un pied la ramassa, une main la cueillit

*sur le pied : c'était un loup — que je me sentis poser
sur la figure, tandis qu'un bras, entourant mon cou,
m'amenait vers la fenêtre.*

*Aussitôt ce loup sur ma figure, je vis des couleurs,
des couleurs, des couleurs... des masques! masques
allant, masques venant, masques courant, masques
sautant, masques galopant, masques gambadant,
masques frétillant, masques allègres, alertes, prestes,
tout le corps déchaîné, gracieusé, saluant la joie :
masques, masques, masques! un arc-en-ciel en vif
argent!*

*Dans toutes les bouches sonnait l'incessant appel :
hou! hou! Sur le pavé, le tapage de soie de tous les
souliers de satin, de tous vos zoccoli, masques de la
vieille Venise! chantait une éternelle chanson. Voila
que, pêle-mêle, et se heurtant, passaient devant moi les
collants à bandes multicolores, moulant dans leur étau
splendide les fines jambes des jeunes nobles ; les colliers de perles des mariées d'un an; les aiguillettes
aux ferrets d'or sonnant aux épaules des compagnons
de la Calza; les bavaro en toile de Courtrai d'où sortaient les blanches épaules; les pectoraux d'or entr'ouverts en carré sur les seins opulents des patriciennes;
les zindado voletant sur les chevelures; les jupes de
velours marron, à grands retroussis de soie gorge de*

pigeon, relevés par derrière les têtes, en un nimbe aux
mille plis, imitant la conque de Vénus ; les couronnes
de lis d'argent, tremblant dans les chevelures des
épouses ; les zimara flottantes ; les robes collant aux
formes et accusant le nombril, les chutes de plis théâ-
trales et grandioses, les brocarts amples, et royalement
drapés ...

Passaient les innamorati sveltes dans leur pourpoint
de velours blanc, constellé de croix, déchiré de crevés
de sang, lesquels tenaient une rose à la main ; passaient les vierges de Venise, voilées et dérobées dans
une nuée jalouse de soie noire, d'où ne s'échappaient
que deux doigts d'une gorge naissante, plus rose que
la rose des innamorati....

Alors le carnaval allait sur l'eau.

Et l'on voyait des gondoles, des gondoles, des gondoles, du monde, du monde, du monde ; tant de gondoles et tant de monde que l'eau n'apercevait plus le
ciel. A peine si, par-ci par-là, le jour trouvait un
petit coin d'onde, grand comme un morceau de miroir
cassé, pour y danser à cloche-pied.

A la proue de tou'es les gondoles, assise, une femme
nue et coiffée de nénuphars, penchée sur les rênes,
conduisait, du bout d'un roseau vert, des chevaux
marins qui battaient l'eau de leur queue de poisson et
de leurs paturons en nageoires. Autour, des dauphins
vivants et dorés se jouaient. Toutes les gondoles avaient

des formes de coquille. Elles étaient sculptées et peintes, et triomphalement enguirlandées de fleurs. Leurs flancs portaient, dans des couronnes de lierre, des mascarons admirables ; c'était Romagnesi avec son masque de faune et sa barbe en queue de vache ; c'était Jareton qui inventa Pierrot ; c'étaient Luigi Riccoboni, Giuseppe Balleti et Tommaso Vizentini ; c'était Ernand en Sganarelle ; c'était Giacomo Ranzini ; c'était Crépin l'Étonné ; c'était Angelo Constantini ; c'était Dangeville père en niais ; c'étaient Gherardi le Flautin, et Pietro Albogheti, et Giovanni Bissoni ; c'était Quinson en serre-tête blanc ; c'était Duchemin père, et son chapeau enrubanné et fleuri ; c'étaient le grand Dominique, et Carlin, et Lélio, et Sylvia !

Dans les gondoles étaient réunies toutes les livrées du Rire et toutes les robes de la Folie : la garde-robe de Momus, pillée à Bergame, comme elle revenait d'Atelles !

Il y avait Fricasso et Fracasso. Il y avait Coviello, qui gambadait comme un ægipan. Il y avait la Signora Fracisquina, qui faisait les cornes à trois Cassandres. Il y avait Brighella se sauvant devant Spezzafer, qui voulait le tuer encore une fois. Il y avait des bohémiennes qui disaient l'avenir à l'Amour, et des Colombines qui demandaient l'Amour à l'avenir. Il y avait de vieux Trastullo qui baisaient, en extase, la pantoufle des Lucia. Il y avait des médecins grotesques chantant

Signor Monsu, *il y avait des Marameo, la seringue en joue, des capitaines Cardoni, poursuivis par des armées de matassins. Il y avait des Égyptiens vêtus en Maures et portant des singes. Il y avait Zerbinette, il y avait Violetta, aux pieds de laquelle roucoulait, avec son chapeau en plat à barbe, ses longs cheveux, son long rabat, et sa chemise passant au défaut du pourpoint, le beau Narcissin de Malalbergo. Il y avait des Biscayens dansant, des capitaines Cocodrillo dansant, des Cucurucu et des Cucurogna dansant et chantant. Il y avait des femmes en robe turque, et des femmes avec un masque à moustaches, un chapeau pointu, un goître de mousseline tombant du masque jusqu'au sein. Il y avait des Tartaglia, face jaune et fleurie, besicles sur le nez, qui bredouillaient, nasillaient et embrouillaient d'impossibles histoires. Il y avait des muftis et des trivelins, des dervis et des lutins faisant le saut périlleux. Il y avait les trois masques basanés : Fenocchio, Fiqueto et Scapin — oui, l'effronté Scapin qui, les cheveux frisés, la moustache de chat effarouché, le manteau roulé autour du bras droit, une odeur de potence par toute sa personne, et l'œil noir comme sa conscience, offrait avec une courtoisie gouailleuse ses loyaux services au galant chevalier Zerbino.*

Gian-Fritelle se montrait tout fier dans son sac. Gian-Farina enseignait un menuet de tous les diables à Franca-Trippa. Autour de Beltrame, chassé de Milan-

*et contant ses affaires d'honneur avec la justice, béaient
tous les Gradelins, Tracagnins et Truffaldins du monde.*

*Dans les gondoles se trouvaient des clavecins, des
violes d'amour, des théorbes. Il s'y trouvait aussi des
lazzis, des refrains, des rires, des paroles à l'oreille,
des bouquets, des baisers, des cartes, des dés, des jeux
de stofe, de lansquenet, de piquet, de berlan, de petits
paquets.*

*Les deux frères Arlequin, l'aîné avec sa toque à
crevés, son masque noir à barbe de roi ninivite, le
cadet avec sa petite queue de lièvre à son petit chapeau
et des verrues noires à son masque noir, chacun, un
bras sur l'épaule de l'autre, posés tous deux sur la
pointe du pied droit, jouaient à un pharaon tenu par
la Farce, leurs deux battes contre un coup de pied.*

Et des intartinamenti, *des charlatans à chaîne d'or,
et des saltimbanques cravatés de serpents savants, et
des montreurs d'ours et de ridicules, et des parades et
des parodies, où Bernis parlait de Dieu, Casanova
de l'amour platonique!*

*Puis des triomphes de Pulcinelle, droit comme son
feutre, ayant grand air, malgré son nez rouge et son
petit ventre pointu, et brandissant fièrement son sabre
de bois, à cheval, plus solennel qu'un Balbus, sur un
Pulcinelle en travers porté par deux Pulcinelles. Puis
des Razulto chantant des Olympiques, en grattant trois
ficelles d'une guitare, dont le manche plus long qu'un*

poème, accrochait sur la route les cheminées en mortier. Puis des Pantalons en bonnet de laine, en gilet
rouge, en culotte coupée en caleçon, en bas rouges
et en pantoufles, et qui, le pied en avant, la barbe
pointue et menaçante, la grande robe noire relevée
d'un bras replié sur le dos, énuméraient au public les
vertus de leurs filles sans dot.

De Bologne étaient venus trois cents docteurs, mar-
qués d'une tache de vin du front au menton, lesquels
consolaient, en trois points, les cocus effarés.

Suivaient des Mezzetins aux draperies zébrées, suivaient des Pierrots tombés de la lune, suivaient des
Scaramouches, dont les plumes de coq balayaient les
étoiles....

Et des tricornes et des tricornes : des tricornes
coquins, coquets, crânes et charmants. Les hommes
portaient des tricornes, et les femmes des tricornes
inclinés sur le front, qui mettaient, sur leur masque
blanc, l'ombre du vol d'une hirondelle. Blancs étaient
tous les masques. Blancs étaient les masques des
hommes et des femmes, avec le bord des paupières
teinté de carmin, avec de grosses lèvres peintes en
rouge brique, et le carton des joues brutalement fardé.
Les hommes en fins bas de soie, en talons rouges, le
domino noir retroussé, penchés et pliés en de mo-
queuses révérences, provoquant les donne sous le nez,
offraient leur cœur dans un éclat de rire, ironiques du

haut en bas de l'échine. Les donne, *la tête en arrière,
et de profil intriguant la cantonade, muettes et superbes, riaient dans la barbe de leur masque, ballon-
naient de la jupe, battaient la mesure d'un vieil air
à petits coups de leur mule cachée sous les falbalas,
jouaient avec le cri de leur éventail, et laissaient, au
travers de la baütte, la blancheur de leur chair sauter
aux yeux des galants.*

*Un beau jeune homme, — je le vois encore! — Oh!
le Janus étrange et charmant! — Il avait rejeté son
masque contre son oreille, et montrait côte à côte, le
profil d'un Satyre, la face d'un Apollon.*

Cependant, auprès de lui, d'autres paroncini *faisaient de grands jeux : ils attrapaient des mouches sur
le nez immense du noble homme de Calabre, Giangur-
golo, et des araignées sur la rapière interminable du
capitaine* Spavento.

*Mon œil sautait de gondoles en gondoles. Il arriva à
la première, à la gondole que toutes les gondoles suivaient : elle portait une bière sur un drap blanc, et un
essaim d'Amours! Amours qui, s'appuyant des deux
mains derrière eux, et glissant avec les reins le long
de la gondole, les ailes frissonnantes, lutinaient d'un
seul pied les caresses de l'eau; Amours, qui, le cul
nu posé sur les talons, joignaient leurs mains nouées
à leurs genoux tout ronds; Amours qui regardaient au
ciel un nuage aller; Amours, la tête en bas, tenant d'un*

bras le bout de leur gentil pied rose, un pli de graisse au ventre, un pli sous le jarret; Amours, les bras croisés, comme de petits hommes, ou le menton aux mains et les doigts aux deux joues, écoutant quelque chose; Amours, qui sur leur arc passé sous une cuisse, balançaient une jambe allante et revenante; Amours agenouillés, posés sur leurs deux coudes, attentifs à traîner sur la face de l'onde les grands cordons du poêle; Amours, les frisons de leurs petits cheveux au vent, au vent leur ventre blanc, debout et droits sur leurs mollets tremblants; Amours, le dos au soleil, couchés et vautrés, et la joue écrasée, qui s'amusaient avec des immortelles d'or; Amours jouant à cache-cache, en se cachant un peu dans les coins du drap blanc; Amours accoudés sur la bière, sur leur bras replié couchant leur face blonde, et dormant sur la Mort! tandis qu'aux deux bouts de la gondole, quatre Amours, leurs carquois renversés au dos, laissaient distraitement tomber la baguette sur la peau d'âne, voilée d'un crêpe, des hauts tambours des armées de Louis XIII.

Un homme, je ne l'avais pas vu d'abord, était perché sur le rostre de la gondole. C'était le peintre Longhi, mon ami, qui râclait un violon d'ébène; un singulier violon! d'où s'échappaient, à chaque coup d'archet, deux notes ensemble, et qui montaient dans le ciel, enroulées l'une sur l'autre : une note rose, une note noire....

Et l'air blutait, comme de la farine, mille petits morceaux de papier blanc qui tombaient des toits, des fenêtres, du ciel, de partout. Au vol j'en attrapai un, sur lequel était :

GRAND ENTERREMENT

DE WATTEAU

Par le carnaval de Venise
aux dépens de la Sérénissime République.

Et il neigeait tant de ces papiers, que je ne voyais plus rien. Je me jetai dans la rue pour attraper le convoi.

Je ne sais comment Zitta m'avait jeté au dos une peau de lion, ni pourquoi je m'amusai à faire le lion. Tantôt, d'un mouvement d'épaules, j'ébouriffais les crins rudes de ma crinière; tantôt je faisais jouer, au bout de mes cinq doigts, la menace de mes ongles; ou bien, mon chapeau devant ma bouche, je tirais, du fond de ma gorge, des rugissements très convenables, qui grondaient et roulaient dans le feutre noir. J'ouvrais mes yeux tout ronds, et je les promenais furieusement sous mes cils fauves. Je griffais le pavé, en allongeant

mon pas. *Je grommelais sous mes babines. Je singeais
à quatre pattes les rampements de la bête. Les enfants
avaient peur, et se cachaient dans les jupes de leurs
mères.*

*Peu à peu, comme versé goutte à goutte, un acier
souple et fort me coula dans la veine. Des nœuds de
muscles s'enroulèrent et se tendirent en câble le long
de mes os, que j'entendais grossir en craquant. Ainsi
qu'un coin fiché au cœur d'un chêne, mon cou se prit
entre les solides montants de mes épaules. Une râblure
formidable envahit mes reins. De mon échine, deux ailes
jaillirent en colère. Pareil à un pouls brut et généreux
qui battrait dans un corselet de bronze, le cœur me
bondit entre les côtes. Une moelle inconnue courut par
tout mon être. Mon crâne durcit et fuit. Une élasticité
quadrupède frissonna dans mes membres. Cette queue
qui balayait derrière moi la poussière, raidit comme un
bras tout fait de nerfs. Je voulus dire adieu à Zitta....
Je broyai le tonnerre entre mes dents....*

J'étais le lion de Saint-Marc sur sa colonne.

*De là-haut, le monde me paraissait comme une carte
dépliée.*

*Sous ma patte gauche, dormaient, à l'ombre, mon
vieux dogat de Venise, un duché! mes provinces de
Bergame, de Brescia, de Crème, de Vérone, de Vicence,
de Padoue; Feltrin, Bellunois et Cadorin, ma Marche
Trévisane; ma Polésine de Rovigo, et ma principauté de*

Ravenne. A l'ombre de ma patte droite, dormait le Frioul, dormait l'Istrie, dormait Zara, Spalato, dormaient les îles dalmates, la mer Ionienne de Corfou jusqu'à Zante, Patras, Argos, Coron, Moron, Égine et l'Eubée, et les Cyclades, et l'Archipel et Candie, et mon royaume de Chypre. A l'ombre d'une de mes pattes, dormaient un morceau de Constantinople, et Abydos, et Sestos, et Adrianopolis, et Nicomédie, et Gallipoli, et Héraclée, et Nicopolis; dormaient mes consuls, mes églises et mes fours aux Échelles du Levant; dormaient mes comptoirs d'Alexandrie, de Tyr, de Berythe, de Ptolémaïs et d'Astrakan.

D'un coup de ma patte droite, je raflais, comme d'un râteau de jeu, les côtes d'Europe, de la mer Noire à la mer d'Azof, de Caffa à Anvers et de Londres à Byzance. D'un autre coup, je raflais les côtes d'Afrique, d'Alexandrie à Tanger. D'un autre coup, je raflais les côtes d'Asie, de Byzance à Trébizonde, et de Byzance à Famagouste, et du Bosphore au Phase, et du Phase à l'Oronte.

. . . .

. . . .

... Un moment je regardai sous moi. Un soldat français était assis au pied de ma colonne. Son tricorne me cachait sa figure, dont je ne voyais qu'un bout de moustache dure. Sa jambe droite, croisée sur sa jambe gauche, montrait une guêtre noire, lacée avec des bouts de ficelle. Deux galons brodaient la manche de sa

capote, plus usée que vieille. Un coude appuyé au genou, d'une main il tenait sa pipe entre les dents ; de l'autre il agitait devant le fourneau une page du Livre d'Or de Venise, qui flambait.

Une bouffée blanche s'envola du brûle-gueule. Aussitôt, Venise se décolora, et le sourire de ses briques et de ses marbres roses s'évanouit. Elle devint la Venise grise des eaux-fortes de Canaletto : une ville barbouillée de traits, brouillée de lignes, avec des horizons fourmillants de campaniles, de terrasses et de cheminées évasées, et toute pleine d'ombres aux apparences remuantes, de silhouettes confuses et tapageuses. Une lumière d'éclipse errante sur des rives incertaines, coulant le long des façades effacées, tombait dans l'eau, où le souffle d'une brise poussait, en millions d'accolades, les vagues contre les vagues. Les passants n'étaient plus que des pâtés d'encre qui allaient, et je voyais, dans la nuit du jour, Guardi tenir une palette où il y avait seulement du blanc et du noir.

Soudainement les mille blasons, qui étaient les étoiles du ciel, pâlirent. La couronne impériale des Dandolo, l'aigle noir de Soderini, la branche de roses des Mocenigo, l'aigle à deux têtes de Malipiero, les trois grillons noirs des Grioni, l'échelle d'argent des Gradenigo, le Saint Marc d'argent des Foscari, la couronne des

Cornaro, la cigogne des Cigogna, le lion d'or des Cao-
torta, le lion d'or des Albrizzi, les trois tours d'argent
des Tiepolo, l'aigle impérial d'or des Giustiniano, la
fasce d'argent des Morosini, les six roses à cinq feuilles
des Loredano, les trois abeilles d'or des Barberini, les
trois étoiles d'or des Guerini, la couronne ducale des
Contarini; — tous les écus qui rayonnaient à la voûte
céleste vacillèrent ensemble, puis filèrent un à un.

Les bouffées sortaient plus pressées de la pipe. Sous
le firmament aveuglé, la ville défaillait. Les pierres
perdaient leurs dentelles, les balcons leurs trèfles. Les
architectures, noyées, s'affaissaient sur elles-mêmes, au
loin, puis là, puis ici.... Les plus hautes tours, le pied
mangé de fumée, fuyaient dans la brume. Un vide
bleuâtre se faisait. De partout, l'horizon se rapprochait
sourdement. Une invisible nuit s'élevait sur des va-
peurs. Des colonnes de brouillard foulaient, en tour-
noyant, les dômes, et l'œil n'avait plus où se poser.

Comment ils étaient sur mon piédestal? un homme
à côté de ma patte gauche, une femme à côté de ma
patte droite, — je ne me le rappelle plus. -- Mais
l'homme avait une serviette sous le bras, et la femme
des larmes d'argent sur son masque.

L'homme disait : « Monsieur, je suis garçon de café
chez Florian. Voilà trente ans que je sers la nuit et que
je dors le jour. Est-ce qu'aujourd'hui midi serait déjà
le soir? »

Et la femme : « Connais-tu ma sœur Mélancolie, ma blonde sœur, qu'a gravée l'Allemand Albert Dürer ? Moi, je suis Dona Mœstitia de Venise, dogaresse, veuve de la République. Je guéris de penser, — et de vivre ! — fit-elle plus bas. »

La fumée de la pipe du soldat français grandissait et grandissait, et dans son nuage sombrait Venise, et la terre, et le ciel.

Un éclair jaillit de la corne des chevaux d'or debout sur les tombeaux où dorment les vieux doges.

Le banc de pierre où Gozzi avait l'habitude de s'asseoir, sur le quai des Esclaves, se fendit.

L'Évangile de bronze où posait ma griffe, tomba.....

Boum !... fit un coup de canon.

.   .   .   .

Je sautai dans mon lit. Il était six heures du matin. Le canon venait d'annoncer l'ouverture du port de Venise.

FIN

TABLE DES MATIÈRES

CATALOGUE

DES

LIVRES SUR PAPIERS DE LUXE

AVIS

Il ne reste en magasin qu'un nombre très restreint des volumes dont suit l'énumération et le plus souvent même qu'un seul exemplaire; le présent catalogue intéressera donc vivement les bibliophiles et les amateurs de livres rares.

Formats divers

SUR PAPIER VÉLIN

ALIDOR DELZANT

Les Goncourt (in-18). Prix. . . . . 20 fr.

EDMOND et JULES DE GONCOURT

Histoire de Marie-Antoinette, avec douze dessins hors texte, d'après des gravures du temps. Un magnifique volume grand in 8 colombier. . . . . . 25 fr.
Richement relié, avec fers spéciaux. . . . . 30 fr.

QUATRELLES

A coups de fusil, avec 30 dessins originaux, hors texte, par A. DE NEUVILLE. Un magnifique volume grand in-8°, orné de fleurons, culs-de-lampe, richement relié avec fers spéciaux. Prix . . . . 30 fr.

JEAN RICHEPIN

Mes paradis, édition in-4° carré, ornée d'un portrait de l'auteur, gravé par F. DESMOULIN. Prix.. . . . . . 20 fr.

JULES VALLÈS

La Rue à Londres. Un vol. in-4° colombier, illustré de nombreux dessins et de 23 eaux-fortes de LANÇON. Prix. . . . . 100 fr.

ÉMILE ZOLA, GUY DE MAUPASSANT, J. K. HUYSMANS, CÉARD,
LÉON HENNIQUE, PAUL ALEXIS

Les Soirées de Médan. Un vol. in-8°, illustré de 6 compositions de JEANNIOT, gravées à l'eau-forte par MULLER, et des portraits des six auteurs, eaux-fortes de DESMOULIN. Prix. . . . . 20 fr.

SUR PAPIER FIL

THÉOPHILE GAUTIER

Mademoiselle de Maupin, in-8°. Prix . . . . 10 fr.

SUR PAPIER DE HOLLANDE

JEAN AICARD

Miette et Noré. Un volume in-8°, papier de Hollande, tirage à 220 exemplaires, dont 150 ont été souscrits nominativement. . . . . 15 fr.

ANDRÉ CHÉNIER

Œuvres poétiques, édition ornée de 15 compositions de BIDA, gravées à l'eau-forte par COURTRY, CHAMPOLLION, MONZIÈS. Un magnifique volume in-4° raisin. Prix. . . . . 100 fr.

LÉON GAMBETTA

Dépêches, Circulaires, Décrets, Proclamations, publiés par JOSEPH REINACH. — L'ouvrage forme 2 volumes in-8°. Prix de chaque volume. . 15 fr.

EDMOND ET JULES DE GONCOURT

Renée Mauperin, édition ornée de 10 eaux-fortes par JAMES TISSOT. Un beau volume in-8° sur Hollande (exemplaires numérotés). . . . . 50 fr.

Vicomte DE SPŒLBERCH DE LOVENJOUL

Histoire des œuvres de Théophile Gautier, édition sur papier de Hollande. Prix des 2 vol. . . . . 50 fr.

JEAN RICHEPIN

Mes Paradis, édition in-4° carré, avec deux états du portrait de l'auteur, gravé par F. DESMOULIN. Prix. . . . . 40 fr.
Nana Sahib (drame en vers), in-8°. Prix . . . . 10 fr.

SUR PAPIER WHATMAN

ANDRÉ CHÉNIER

Œuvres poétiques, édition ornée de 15 compositions de BIDA, gravées à l'eau-forte par COURTRY, CHAMPOLLION, MONZIÈS. Un magnifique volume in-4° raisin avec double suite des gravures sur Hollande et sur Japon. Prix. . . . . 150 fr.

Vicomte DE SPŒLBERCH DE LOVENJOUL

Histoire des œuvres de Théophile Gautier. 2 vol. . . . . 75 fr.

JEAN RICHEPIN

Mes Paradis, édition in-4° carré, avec deux états du portrait de l'auteur, gravé par F. DESMOULIN. Prix. . . . . 50 fr.

JULES VALLÈS

La Rue à Londres. Un vol. in-4° colombier, illustré de nombreux dessins et de 23 eaux-fortes de LANÇON, avec doubles épreuves avant la lettre. Prix. 200 fr.

SUR PAPIER DU JAPON

ANDRÉ CHÉNIER

Œuvres poétiques, édition ornée de 15 compositions de BIDA gravées à l'eau-forte par COURTRY, CHAMPOLLION. MONZIÈS. Un magnifique volume in-4° raisin, avec triple suite des gravures sur Hollande, Japon et sur parchemin. Prix. 250 fr.
(Il ne reste qu'un seul exemplaire sur papier du Japon.)

A. DAUDET et A. BELOT

Sapho, pièce en cinq actes, in-8°. Prix. . . . . 20 fr.

ADALBERT VON GOLDSCHMIDT

Ghéa, poème dramatique mis en français par Catulle Mendès, in-8°. Prix. 20 fr.

EDMOND et JULES DE GONCOURT

L'Amour au XVIII° siècle, in-8°. Prix.. . . . . 25 fr.

G. HAUPTMANN

Les Tisserands, drame en cinq actes en prose, traduction de M. Jean Thorel,
in-8°. Prix. . . . . 20 fr.

Vicomte DE SPŒLBERCH DE LOVENJOUL

Histoire des œuvres de Théophile Gautier, édition sur papier du Japon. Prix des 2 vo.. . . . . 100 fr.

CATULLE MENDÈS

Le Docteur Blanc, mimodrame fantastique, musique de G. Pierné, dessins
de L. Métivet, in-8°. Prix. . . . . 20 fr.

JEAN RICHEPIN

Mes Paradis, édition in-4° carré, avec deux états du portrait de l'auteur gravé
par F. Desmoulin, dédicace par M. Richepin. Prix. . . . . 80 fr.

JULES VALLÈS

La rue à Londres. Un vol. in-4° colombier, illustré de nombreux dessins et
de 23 eaux-fortes de Lançon, avec doubles épreuves avant la lettre. Prix 200 fr.

Portrait d'ÉMILE ZOLA

Gravé à l'eau-forte par F. Desmoulin

(*La planche seule mesure* **35 centimètres sur 45 centimètres**)

Épreuves sur parchemin, avec doubles remarques, signature de M. Zola et
signature de l'artiste. Prix. . . . . 200 fr.
Épreuves sur papier du Japon, avec une remarque et signature de l'ar-
tiste. Prix.. . . . . 100 fr.
Épreuves sur papier du Japon, avant lettre, signature de l'artiste. Prix. 50 fr.
Épreuves, après lettre, sur Hollande. Prix.. . . . . 25 fr.

Collection in-18, de la Bibliothèque-Charpentier
SUR PAPIER DE HOLLANDE, A IO FRANCS

PAUL ALEXIS

Madame Meuriot.

THÉODORE DE BANVILLE

Les Belles Poupées, orné d'un
dessin de G. Rochegrosse.

L'Ame de Paris.

Sonnailles et Clochettes, orné
d'un dessin de G. Rochegrosse.

Marcelle Rabe, orné d'un dessin
de G. Rochegrosse.

Contes bourgeois, orné d'un dessin
de G. Rochegrosse.

Dames et Demoiselles.

Dans la fournaise (dernières poésies).

Esope, comédie en 3 actes, avec un
dessin de G. Rochegrosse.

MARIE BASHKIRTSEFF

Lettres, avec quatre portraits, des fac-similés d'autographes et de croquis et une préface par François Coppée.

HENRY BAUER

Une Comédienne.

HENRY BECQUE

Théâtre complet. 2 vol.

EMILE BERGERAT

Théâtre en vers.

MICHEL BETTENFELD

L'Art de l'escrime.

LUCIEN BIART

Le Bizco (nouvelle collection).

FERNAND CALMETTES

Sœur aînée (nouvelle collection).

HENRI CONTI

Ivan Bobroff (nouvelle collection).

JEAN DALBRET

Cousine Hélène.

ALIDOR DELZANT

Les Goncourt

LOUIS DEPRET

Théâtre intime (nouvelle collection)

EDMOND DESCHAUMES

Héléne et Jacques (nouvelle collection).

ALFRED DUQUET

Paris. — Le Quatre Septembre et Châtillon, avec quatre cartes des opérations militaires.

Paris. — Chevilly et Bagneux. avec deux cartes des opérations militaires.

Paris — La Malmaison (Le Bourget et le trente et un octobre) avec deux cartes des opérations militaires, 1 plan de l'hôtel de Ville, et 1 fac-similé.

THÉODORE DURET

Critique d'avant-garde.

Histoire de France (1870-1873). 2 vol.

PAUL EUDEL

Collections et Collectionneurs.

L'Hôtel Drouot et la Curiosité en 1883-1884, avec préface par Champfleury.

L'Hôtel Drouot et la Curiosité en 1884-1885, avec préface par P. Burty et un portrait de l'auteur par Worms.

L'Hôtel Drouot et la Curiosité en 1885-1886, avec préface par E. Bergerat et des dessins par Jou et Combe.

L'Hôtel Drouot et la Curiosité en 1886-1887, avec préface par Octave Uzanne.

Il ne reste qu'un seul exemplaire de luxe des volumes de P. Eudel.

FERDINAND FABRE

Un Illuminé.
Xaviére.
Lucifer.
Norine.
Monsieur Jean.
Toussaint Galabru.
Madame Fuster.
Germy (nouvelle collection).

MARY FLORAN

Daniel Levar (nouvelle collection).

FÉLIX FRANK

La Chanson d'amour

THÉOPHILE GAUTIER

Un Trio de romans.

E. GÉGOUT et CH. MALATO

Prison fin de siècle, souvenirs de Pélagie, Illustrations de Steinlen. Couverture en couleur.

EDMOND ET JULES DE GONCOURT

Pages retrouvées, avec une préface de G. Geffroy.

Préfaces et Manifestes littéraires.

Sophie Arnould (actrices du xviii° siècle).

GYP

Du haut en bas.
Le Journal d'un Philosophe.

EDMOND HARAUCOURT

Héro et Léandre. Poème dramatique.

ARSÈNE HOUSSAYE

Rodolphe et Cynthia.
Poésies complétes.
Madame Lucréce.

LÉON TOLSTOÏ

Plaisirs vicieux, préface par ALEXANDRE DUMAS.

JULES VALLÈS

Jacques Vingtras. — L'Insurgé.

MAURICE VAUCAIRE

Le Poéte et le financier, comédie en vers.

ÉMILE ZOLA

Le Vœu d'une Morte.
Le Docteur Pascal.

É. ZOLA et LOUIS GALLET

L'Attaque du Moulin, drame lyrique en 4 actes.

SUR PAPIER DU JAPON, A 15 FRANCS

—

GUSTAVE FLAUBERT

Correspondance, tomes II et IV.

EDMOND DE GONCOURT

Outamaro. — Le Peintre des Maisons vertes.

EDMOND et JULES DE GONCOURT

Journal des Goncourt, tome VI.

CATULLE MENDÈS

Petits poémes russes mis en français.

CLAUDIUS POPELIN

Poésies.

GUY TOMEL

Le bas du Pavé parisien, avec de nombreuses illustrations.

PAUL VERLAINE

Choix de Poésies, ornées d'un portrait de l'auteur d'après EUGÈNE CARRIÈRE.

ÉMILE ZOLA

Le Vœu d'une Morte.

SUR PAPIER DE CHINE, A 20 FRANCS

—

THÉODORE DE BANVILLE

Les Belles Poupées, orné d'un dessin de ROCHEGROSSE

EDMOND DE GONCOURT

La Guimard (actrice du xviii· siècle).

CATULLE MENDÈS et GEORGES COURTELINE

Les Joyeuses Commères de Paris, fantaisie en 5 actes.

ARMAND SILVESTRE

L'Or des couchants (poésies).

TCHENG-KI-TONG (Général)

Les Plaisirs en Chine.
Le Roman de l'Homme jaune.
Les Parisiens peints par un Chinois.
Mon Pays.

SUR PEAU, A 200 FRANCS

—

ÉMILE ZOLA

La Débâcle. | Le Docteur Pascal.

(Il ne reste qu'un seul exemplaire de ces deux ouvrages, qui n'ont été tirés qu'à cinq exemplaires.)

Collection de la Petite Bibliothèque-Charpentier

SUR PAPIER DE HOLLANDE, A 12 FRANCS

—

FERDINAND FABRE

Le Chevrier, avec deux dessins de J.-P. Laurens. . . . . 1 vol.

THÉOPHILE GAUTIER

Le Roman de la momie, avec deux dessins de Lecomte-du-Nouy. 1 vol.

VICTOR HUGO

Les Orientales — Les Feuilles d'automne, avec deux dessins de Benjamin
Constant, gravés à l'eau-forte par F. Desmoulin . . . . 1 vol.

Odes, avec deux dessins de G. Rochegrosse, grav. à l'eau-forte par Jasinski 1 vol.

Ballades. — Les Rayons et les Ombres, avec deux dessins de Jules Garnier,
gravés à l'eau-forte par F. Desmoulin. . . . . 1 vol.

Les Chansons des Rues et des Bois, avec deux dessins de Maurice Éliot,
gravés à l'eau-forte par Derlois. . . . . 1 vol.

Les Châtiments, avec deux dessins de Paul Robert, gravés à l'eau-forte par
F. Desmoulin. . . . . 1 vol.

Les Chants du crépuscule. — Les Voix intérieures, avec deux dessins
de H. Laurent-Desrousseaux, gravés à l'eau-forte par L. Muller. . . 1 vol.

Les Contemplations, avec 4 dessins de H. Montégut, gravés à l'eau-forte
par A. Massé. . . . . 2 vol.

La Légende des siècles, tome I, avec deux eaux-fortes de Jeanniot. 1 vol.
— Tome II, avec deux dessins de Maurice Éliot, gravés à l'eau-forte par
Desmoulin. . . . . 1 vol.
— Tome III, avec deux dessins de Laurent-Desrousseaux, gravés à l'eau-
forte. . . . . 1 vol.
— Tome IV, avec deux dessins de Roux, gravés à l'eau-forte. . . . . 1 vol.

J. MICHELET

L'Amour, avec deux dessins de Maurice Éliot. . . . . 1 vol.
La Femme, avec deux eaux-fortes de Paul Avril. . . . . 1 vol.

OCTAVE MIRBEAU

Contes de la chaumière, avec deux eaux-fortes de Raffaëlli. . . . 1 vol.

JEAN RICHEPIN

Les Carosses, avec 2 dessins de Maurice Éliot, gravés à l'eau-forte par
F. Desmoulin . . . . 1 vol.
La Mer, avec 2 dessins de Henri Caruchet, gravés à l'eau-forte par
Mordant . . . . 1 vol.

ANDRÉ THEURIET

Contes de la forêt, avec 2 dessins de Reichan . . . . 1 vol.

ALFRED DE VIGNY

Cinq-Mars, avec 4 dessins de Jeanniot. . . . . 2 vol.
Servitude et Grandeur militaires, avec 2 dessins de Jeanniot. . . 1 vol.
Théâtre, avec 4 dessins de Jeanniot. . . . . 2 vol.
Poésies complètes, avec un portrait de l'auteur d'après David d'Angers,
gravé par Lançon, et un dessin de Jeanniot. . . . . 1 vol.
Stello, avec 2 dessins de Jeanniot. . . . . 1 vol.
Journal d'un poète, avec un portrait de l'auteur par F. Desmoulin. 1 vol.

SUR PAPIER DE CHINE A 15 FRANCS

—

FERDINAND FABRE

Le Chevrier, avec 2 dessins de J. P. Laurens . . . . 1 vol.

VICTOR HUGO

Les Orientales — Les Feuilles d'automne, avec 2 dessins de Benjamin
Constant, gravés à l'eau-forte par F. Desmoulin . . . . 1 vol.
Odes, avec 2 dessins de G. Rochegrosse, gr. à l'eau-forte par Jasinski. 1 vol.
Ballades. — Les Rayons et les Ombres, avec 2 dessins de Jules Garnier,
gravés à l'eau-forte par F Desmoulin . . . . 1 vol.
Les Chansons des Rues et des Bois, avec 2 dessins de Maurice Eliot,
gravés à l'eau-forte par Dedlois . . . . 1 vol.
Les Châtiments, avec 2 dessins de Paul Robert, gravés à l'eau-forte par
F. Desmoulin . . . . 1 vol.
Les Chants du crépuscule. — Les Voix intérieures, avec 2 dessins de
H. Laurent-Desrousseaux, gravés à l'eau-forte par L. Muller . . . . 1 vol.
Les Contemplations, avec 4 dessins de H. Montégut, gravés à l'eau-forte par
A. Massé . . . . 2 vol.
La Légende des siècles (tome I), avec 2 eaux-fortes de Jeanniot . . . 1 vol.
   — Tome II, avec 2 dessins de Maurice Eliot, gravés à l'eau-forte par
     Desmoulin . . . . 1 vol.
   — Tome III, avec 2 dessins de Laurent-Desrousseaux, gravés à l'eau-
     forte . . . . 1 vol.
   — Tome IV, avec 2 dessins de Roux, gravés à l'eau-forte . . . . . . 1 vol.

OCTAVE MIRBEAU

Lettres de ma Chaumière, avec 2 eaux-fortes de Rafaëlli . . . . . 1 vol.

JEAN RICHEPIN

Les Caresses, avec 2 dessins de Maurice Eliot, gravés à l'eau-forte par
F. Desmoulin . . . . 1 vol.
La Mer, avec 2 dessins de Henri Caruchet, gravés à l'eau-forte par Mor-
dant . . . . 1 vol.

ANDRÉ THEURIET

Contes de la forêt, avec 2 dessins de Reichan . . . . 1 vol.

ALFRED DE VIGNY

Cinq-Mars, avec 4 dessins de Jeanniot . . . . 2 vol.
Servitude et Grandeur militaires, avec 2 dessins de Jeanniot . . 1 vol.
Théâtre, avec 4 dessins de Jeanniot . . . . 2 vol.
Poésies complètes, avec un portrait de l'auteur d'après David d'Angers,
gravé par Lançon et un dessin de Jeanniot . . . . 1 vol.
Stello, avec 2 dessins de Jeanniot . . . . 1 vol.
Journal d'un poète, avec un portrait de l'auteur, par F. Desmoulin . . 1 vol.

———

Tous les exemplaires mentionnés dans le présent catalogue
sont numérotés.

———

28938. — Imprimerie Lahure, rue de Fleurus, 9, à Paris.